JN109579

コンパス

身体表現

―動画で学ぶ表現遊びの魅力―

編著：岡澤哲子・遠藤 晶

共著：小西智咲子・直原信子・逵井あき穂・範 衍麗・渕田陽子
　　　古市久子・松山由美子・森末沙織・柳田紀美子

建帛社
KENPAKUSHA

まえがき

　子どもたちの遊びは内発的です。遊びたいから遊びます。そしてほとんどの遊びの喜びや快感は，身体感覚や心の揺れ動きの振幅から得られます。どんな遊びも身体なくしては遊べないといっていいほど身体と遊びは一体です。それほどの関係であるのに，遊んでいる時，残念ながら人は自分の身体の全部を見ることはできません。特に感情が表れやすい自分の顔は，直に見ることができません。

　しかし，子どもたちは，家族や友だちや先生と遊びを共にすることで，他の人の身体に起こっていることを見て，生き生きと感じることができます。そして，自分のことを見てもらい感じてもらうことができます。そうすると，まるでパズルのピースが整うように，身体感覚が整い，自分の存在を確かなものとして意識できるようになっていきます。双方向性を内在している遊びは生きる力の基礎になっているのです。

　本書は，その身体感覚や心の揺れ動きの喜びを遊びの核としている「身体表現」の魅力を真ん中において，子どもの発達や大人の役割を理解し，他領域と共存した身体表現遊びの喜びをいっそう広げたいと願いながら編集を進めました。第1章から第4章では，身体表現と子どもの関わりの基礎的な理論的内容，第5章から第11章は，快い身体感覚と結びつく7つの視点から分類した子どもと一緒に楽しむ身体表現遊びの内容，第12章は，保育に携わる方々へ本書が伝えたいメッセージのまとめという構成です。

　本書の特長は2つあります。一つは，遊びの内容をわかりやすく伝えるために，本文に掲載したQRコードにアクセスすることにより，身体表現遊びの内容を動画で学ぶことができることです。もう一つは，保育者養成校で教員として子どもの身体表現に関する授業を担当してきた経験豊かなメンバーが著者であり，授業や保育の現場の中で実践した遊びを中心に子どもが没頭して遊びこむことのできる身体表現遊びを紹介していることです。

　保育に携わる者は，子どもにとっての大事な「ヒト」としての存在であり，「モノ」「コト」を子どもの前に繰り広げたり，仕掛けたりする役割があります。そのためには，保育者もワクワクしながら，日常の保育の中で身体表現遊びに没頭できる人になってほしいと思います。

　これから保育者を目指す学生さん，現職の保育者の皆様，そして子どもに関わる多くの方々にも活用できる1冊として本書が少しでも貢献できれば幸いです。

2024年7月

編者　岡澤哲子・遠藤　晶

目　　次

動画一覧

第1章　身体表現の魅力

　　身体表現は魅力的である。子どもたちは「ヒト・モノ・コト」に対する心身の気付き・発見・感動を，素直に身体に表す。そして，その時見えていた身体の形は瞬時に消えるが，子どもたち自身の心にも，また受け取った人の心にも残る。身体表現は，子どもの「今」を表しているのである。本章では，子どもたちの気付き・発見・感動が身体表現遊びとなっていった事例を通して，身体表現遊びがもつリズム性・表現性・双方向性といった特有の魅力への理解を深める。

木の葉とお話する

1　子どもの気付き・発見・感動の魅力

　子どもは，園での生活や遊びの中で，小さなことにも大きなことにも気付き，新鮮な感覚で発見し，感動する。

　ある幼稚園の園庭では，深い大きなプランターでお米の栽培をしていた。稲が首をたれ始めた頃，外遊びをしていた子どもたちの一人が稲の様子を見て，「このままだと雀に食べられちゃう！」と気付いた。すると「かかしが要る！」と誰かが叫んだ。そのとたん，周りにいた子どもたち全員が，両手を広げ片足を浮かせて稲の周りに立って「かかし」になったのである。子どもたちは誰も

が真剣な顔であった。しかし，だんだん身体が揺れてきてしまい，「ずっとはできない」と気付き始めた子どもたちの中から，「かかしをつくろう！」という声があがり，「家に帰る途中の田んぼでかかしを見てくる」「あした材料持ってくる」などの提案も出てきた。その様子を笑顔で見ていた担任教師は「何が要るかみんなで考えよう！」と声掛けをして，次の日から遊びは造形表現に発展した。津守真が，「子どもの行為の中に，子どもの世界は表現される。ことに，子どもが没頭して遊ぶに至ったときには，心の奥深くにある子どもの心の願いがその遊びにあらわれる」[1]と述べているように，自分がかかしになるという身体表現は，稲を雀から守りたいという願いの表現であった。大人であったら，すぐに雀を脅かすものを作ろうと一足飛びに考えたであろう。

1）津守 真『子どもの世界をどうみるか 行為とその意味』日本放送出版協会，1987，p.4.

　また，ある幼稚園の朝の自由遊びの後，年長クラスは保育室に集まって担任教師の話を聞いていた。「先生，今日は，とても気持ちがいいことがあったんだ。トイレの前の子ども用スリッパを見て！　きれいに揃っているでしょう。とっても気持ちがいいんです」と先生が明るい大きな声で話し始めた。すると一番後ろで聞いていた子どもが「お空も晴れてきたしね」と言ったのである。少し前まで曇りだったのに，ちょうどこのタイミングで本当に子どもたちの背後の窓から陽の光が差し込んできたのである。一番後ろにいたその子どもは，日差しの変化を感じ「晴れてきた空」を発見したのである。このタイミングで言ってやろうという気持ちではなく，担任教師の気持ちと同期するような発信は非常に自然な流れであった。そして，その後の朝の体操の子どもたちや担任教師の身体からは，いつもよりはつらつとした空気が発散しているように感じられた。

　小さな感動による大きな身体表現の出現もある。公立幼稚園の年長クラスの6月の雨の日，保育室の窓の外では，満開の紫色のアジサイに雨が降り注いでいた。子どもたちは，担任教師のピアノ伴奏で，♪アジサイ色の雨…♪とゆったりと雨の歌を歌っていた。その後，担任教師が言ったわけでもないのに，全員がカエルのような格好でぴょんぴょん跳びながら，渡り廊下を通り，少し離れたリズム室に入っていった。リズム室では運動遊びを行う予定だったが，急遽担任教師はリズム室のピアノを子どもたちの動きに合わせて弾き，「カエルさんぴょんぴょんジャンプ！」「カエルさんこっちにもおいで！」等の声掛けをしながらカエルの表現遊びを展開した。子どもたちはみんなで歌ったアジサイの歌と窓の外の雨のアジサイの景色に小さな感動を覚えたのではないであろうか。担任教師のピアノの音色はしっとりしており，アジサイの花の紫色は際立って美しかった。

　山本直樹らは就学前教育における表現活動について「表現活動は内的生命の

表れであり遊びであるはずだが，設定保育の時間に閉じ込められた表現は，子どもが内面に向き合い創造することを遊びにするところまではいかない」[2]と述べている。先述の事例（カエルの話）の場合，設定保育として歌唱があったが，そこでの小さな感動が，次の大きな身体表現活動へと展開を生じさせている。鷲田清一らは「身体は生きものとしての＜いのち＞の座である」[3]と述べている。これらの子どもたちの身体表現は，生きることが「身体」を媒介としていると感じられるような非常に魅力的な表現である。子どもたちが環境と関わりながら，身体という媒介を通して，気付き・発見・感動等いろいろな体験をするのである。

　大人になるとなぜ身体表現が貧しくなるのであろうか。人間にとっての表現について山本らは「自らの中に沸き起こった表現衝動に突き動かされて自分がしたいから行為するという積極的側面もある」[4]と述べている。表現衝動に突き動かされないということは，自分の感覚が何も感動しないということである。感動はモノを本当に見ることから生じる。鷲田らは「私が物を見るのであって，眼や大脳が物を見るのではない」[5]と述べている。子どもだからこそ，「未分化な心と身体」が感じて表現できる体験ができる。それは身体表現の魅力であり，その体験を乳幼児期に積み重ねることによって大人までの豊かな身体表現につなげていきたい。

2）山本直樹，他『幼児教育知の探究19 領域研究の現在 表現』萌文書林，2021，p.226.

3）鷲田清一・野村雅一編『叢書・身体と文化第3巻 表象としての身体』大修館書店，2005，p.8.

4）前掲書2），p.137.

5）前掲書3），p.12.

2　身体表現遊びのリズム性・表現性・双方向性

　身体表現遊びは，個人の経験や能力に応じて，自分の思いや発想を身体で表現できること，他者との遊びを通じてお互いの思いや発想に気付き，多様なイメージを広げることができる点で，子どもにとって魅力的な遊びといえる。

　また，身体表現遊びを通して，他者の動きを模倣すること，つまり模倣欲求を満たすことができる。保育者（幼稚園教諭・保育士・保育教諭をいう）や友だちの動きをまねてリズムを合わせることで，安心感が生まれる。身体を使って，小さい生き物や大きくて恐ろしいお化けにも変身して遊ぶこともできる。このように，何にでもなれるのが身体表現遊びの楽しさといえる。

（1）子どものリズム性と双方向性

　リズミカルな動きの発達は，生後5〜6か月頃になるとリズミカルな音に心地よい反応を示すようになり，6〜7か月になるとモノを叩いたり，膝を曲げ

伸ばししたり，全身でリズムを楽しむようになる。リズムに合わせるには，リズムを認知し，リズムに合わせる運動に変換することができて初めて可能になる。与えられたリズムの刺激に対して同期する能力については，3歳頃からリズムの刺激への同期ができるようになり，4〜5歳頃にかけて同期反応が発達することや，5歳の頃が最も重要な時期であることが示されている[6]。

6）梅本堯夫『認知科学選書6　認知とパフォーマンス』東京大学出版会, 1987.

幼児期にリズムに合わせる経験は，幼児の心身の発達に非常に重要な活動となる。リズムの刺激に身体が順応していくと，快の感情に結びつく，いわゆる「リズムに乗る」という感覚を味わえる。1人でリズムに乗ることは楽しいが，友だち同士や集団の遊びでリズムに乗ってくると，さらに楽しさが増し，一体感や安心感も生まれる。このように，相互の関係でリズムの変化を楽しむことができるようになる。

（2）子どもの身体表現と双方向性

7）遠藤　晶「幼児の手あそびにおける音楽的発達について」保育学研究, 36巻1号, 1998, pp. 36-43.

遠藤は手遊び「げんこつやまのたぬきさん」の観察研究により，次のような年齢ごとの特徴を示している[7]。3歳児では，手遊びを保育者と一緒に行おうとし，手遊びの動きにリズムを合わせるようになり，歌詞をつけることや手の動きが器用になり，喜びの表情がみられ，手遊びを十分に楽しむようになる。4歳児では，動きがより上達し，忠実に動きを模倣するようになり，遊びの要素を楽しむ自由さが増し，創造豊かな動きを考え，歌に関連する言葉のやり取りも盛んになる。5歳児では，手遊びの動きと歌がより正確になり，友だちと一緒に同じ動きを楽しむことができ，友だちとの遊び方や関わり方も変化するし，集団で手遊びを楽しめるようになる。

8）遠藤　晶, 他「子どもの劇つくりにおける保育者の援助」教育学研究論集, 5号, 2010, pp.15-25.

また，遠藤は，5歳児の劇遊びの観察調査で，1人の男児の動きをきっかけにして，2人，3人，4人と手をつないで最後にはクラス全体で大きな一重円で踊り始めた事例を報告している[8]。偶然発見した動きを他の誰かが模倣し，遊びが広がり，全体に発展することがある。身体で表現する遊びは，模倣や共感してくれる他者や，やり取りができる相手がいることによって楽しみが広がる。こうした双方向的な関係は不可欠といえる。

9）遠藤　晶, 他「幼児の異年齢集団によるふれあい遊びにおける相互行為の検討」武庫川女子大学紀要（人文・社会科学）, 58, 2010, pp.23-31.

さらに，遠藤は3〜5歳の異年齢の子どもたちが行う「あの橋が落ちる前に」という遊びを観察し，遊びのリズムや動きを変化させるだけでなく，年少児と手を合わせる際に背の高さを調整し，思いやりをもって遊びを楽しむ姿を見出している[9]。

10）古市久子編著『保育表現技術　豊かに育つ・育てる身体表現』ミネルヴァ書房, 2013.

身体表現には正解はないが，その価値は人との関係の中で変化する。古市は「表現するものはその過程で表現に反応してくれる人との関係により変わってきます。つまり人との関係を抜きにしては考えられないものなのです」[10]と述

べているが，誰とどのように遊ぶかにより，多様な価値観が生まれるという点
で，魅力的な遊びといえるであろう。

●演習課題

課題1：子どもの発見、気付き・感動で印象に残っていることを発表し合おう。

課題2：実習やボランティア等でこれまでに経験したことのある「身体表現遊び」はどのような
内容だったか話し合ってみよう。

コラム　　身体表現の壁

　身体表現は子どもの生活や育ちを支える不思議なものであると同時に，そこには誰にでも見えない壁がある。「表現すること」が先行すると，身体，いや心が硬直する。身体表現の最初に乗り越えるべきデッドポイント，これを身体表現の壁と呼ぶ。身体表現は空間に描かれた絵のようなもので，造形・音楽・言葉の表現と違って，瞬間に現れすぐ消えていくが，相手の感情を揺さぶり，すぐに反応の表現を呼ぶ。表現者にとっては身体で表現した瞬間，心をさらけ出す恥ずかしさと受け入れてもらえるかどうかが心配で，表現しないという壁を自ら作ってしまう。そこで，身体表現の壁の原因を考え，壁を低くする方法を考える。

1　表現する必然性があること

　引っ込み思案の子どもでも，身体を説得してしまう方法，それが双方向性を利用した身体表現である。気が付いたら身体で表現していた，ということがあればいい。楽しい出来事や珍しい体験をして誰かに話したくてしようがない時，自分の考えたことがあってみんなに伝えたい時等，コミュニケーションのようなやり取りとして考えられるようにすることである。

　絵本の印象的な場面を再現したいことや時等，子どもの生活には表現の原石があふれている。絵本『島ひきおに』[1]を読んだ後，子どもたちが島を引っ張る格好をして遊んでいるのを見た保育者が大きなタイヤに紐をつけておくと，子どもたちがその紐を肩に担いで「よいしょ，よいしょ」と連日遊び込んだ例がある。また，劇中に「オオカミがきたよ」ではなく「あっちへ逃げろ！」という言葉掛け一つで，「わーっ」と一目散に逃げる迫真の表現になった例がある。周りの者のセンスやちょっとした工夫次第で，壁はかなり低くなる。

2　心が解放されて自由であること

　壁は技術ではなく，恥ずかしがるという感情に左右される。恥ずかしさからの脱却，それは表現に夢中になることで，心が解放されて自由になれた時である。科学への興味を喚起する『科学の栞』という本の中では，「何かに没頭しているとき，人間の脳は最も自由になる」[2]と述べられている。たしかに，何かに夢中になると，他のことを考える隙間を与えず，今直面している対象に気持ちが集中して，そのことが恥ずかしさに勝って，ひょいと壁を乗り越えられる。最初の壁を乗り越えると，後の身体表現がどんどん進められる。

　さらに，表現するものになりきった時は本当に楽しい。

＊1　山下明生 文，梶山俊夫 絵『島ひきおに』偕成社，1973.

＊2　瀬名秀明『科学の栞』朝日新聞出版，2011，p.191.

第2章 子どもを理解すること

子どもの発達を支える保育は，子どもを理解することからスタートしなければならない。まずは何をもって発達とするのかという発達の定義を基本に意識することが大事である。そして，身体の発達と特に身体表現と深く関連する基礎的な感覚の発達，及び心の発達に関して理解をする。また，身体が様々なことを表したがっている子どもの事例を通して，子どもの遊びと表現の関係への理解を深める。

これ何？ 僕，触りたい

1 子どもの発達

（1）発達の考え方

根ケ山らは「生物は時間軸にそって変化する存在であり，発達とはその変化に対する一つのとらえ方である」[1]と述べている。また，環境・身体・心という三位一体的視点をもって発達を考察することが人間理解の基本的概念であるとしている[2]。その関係性は，社会的認知理論を唱えたバンデューラ（Bandura, A.）による行動，環境，認知的・個人的要因の三者間相互決定性からみた発達の考え方と同じ方向であり，環境に社会的な要因の意味を加えて

1）日本発達心理学会編・根ケ山光一・仲真紀子責任編集『発達の基盤：身体，認知，情動』新曜社，2012，p.1.

2）根ケ山光一『発達行動学の視座：＜個＞の自立発達の人間科学的探究』金子書房，2002，p.1.

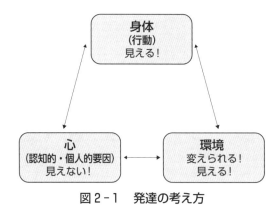

図2-1　発達の考え方

出典）　根ケ山光一『発達行動学の視座：＜個＞の自立発達の人間科学的探究』
　　　　金子書房，2002，p.1より筆者作図

も，身体（行動）と環境のやり取りを「心」が媒介しながら人間は発達してい
くのだと理解できる。すなわち，本書では，図2-1に示した関係性を発達と
定義し，その視点から子どもを理解し，子どもの身体表現について考察してい
く。

（2）脳の機能と心及び身体の育ちの関係

　心と身体の接点として重要なのは脳である。佐藤は，「脳は，全身から伝え
られる感覚刺激を解析・判断し，全身の筋や腺に運動指令を与える最高中枢」
であると述べている[3]。脳は，終脳，間脳，小脳，脳幹に区分され，終脳（い
わゆる大脳）には，高次脳機能を営む新皮質と，嗅覚・情動・本能・記憶の中
枢である大脳辺縁系と呼ばれる古皮質と原皮質がある。脳は胎児の時期からつ
くられ始めているが，産まれる時になっても完成しているわけではない。脳は
身体の一部であるが，同時に心の居場所でもある。そのため，生命を根源的に
担っている本能に基づく原始的な機能がまずしっかり育つことが大事である。
そして，その原始的な機能と連携して大脳皮質等の運動・言語・知覚・認知・
情感等の人間らしい高度な機能が養われるような脳の整え方が望ましい。すな
わち，初めから，高度な機能を育てることを目指すことは望ましくない。新生
児期を含めた乳幼児期では，睡眠や食事や運動を中心とした生活リズムを整え
ることで感覚が育ち，神経伝達物質であるホルモンの分泌機能を促すことにな
る。それが生命を維持する機能の基礎となる。そして，玩具や身体を動かす遊
び等の環境から感覚への刺激が繰り返されると，脳の神経細胞同士がつなが
り，次第に高次な感覚を育てる基盤となっていく。この神経系の発育速度は，
乳幼児期に最も急速に発達する。20歳の頃を100％とすると，6〜7歳で約

3）佐藤達夫『新版
からだの地図帳』講談
社，2013，pp.18-21.

90％に達する。

（3）基礎となる感覚と遊び

　五感とは，視覚・聴覚・触覚・味覚・嗅覚である。さらに固有受容覚[*1]・前庭覚[*2]という感覚もある。これらの7つの感覚への刺激が脳を育てていくため，新生児期，乳幼児期あるいは児童期の成長・発達においても，非常に重要である。図2-2に示したように，これらの感覚が基本となり，姿勢や眼球運動，ボディーイメージや運動の組み立て，微細運動・言葉，教科学習等が積みあげられるように発達する。

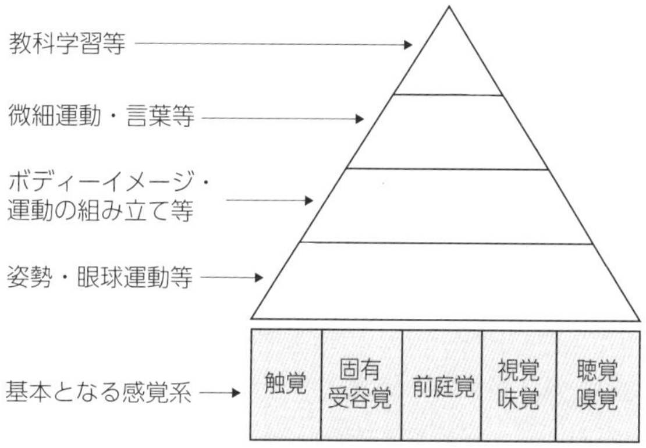

図2-2　感覚の発達

出典）　加藤寿宏監修，高畑脩平，他編著『子ども理解からはじめる感覚統合遊び 保育者と
　　　　作業療法士のコラボレーション』クリエイツかもがわ，2019，p.9より筆者作図

　乳幼児期の遊びの中で特に重要な感覚は，触覚・固有受容覚・前庭覚である[4]。触覚は，痛み・温度・包まれている感じを皮膚で感じるものである。そして，皮膚を通して身体を防衛し，物を識別し，情緒を安定させ，ボディーイメージを発達させる。池谷裕二らは「指をたくさん使えば使うほど，指先の豊富な神経細胞と脳とが連動して，脳の神経細胞もたくさんはたらかせる結果になる」[5]と述べている。手遊び，手をつなぐ，身体が触れ合う，狭いところをくぐる，布が身体に触れる等を含む身体表現は，感覚を育てるのに適している。

　固有受容覚は，自分の手足の位置，自分の力，自分の動きを筋肉や関節で感じるものであり，友だちの力を感じて自分の力を加減し，運動をコントロールし，身体のバランスをとり，情緒の安定をさせるはたらきがある。身体の位置や場所，強さ等を変化させる運動遊びやダンス等の身体表現遊びの際に育つ。

*1　固有受容覚
　自分の身体各部の位置や動き，力の入れ具合などを感じる感覚。筋肉や関節を通じて感じる。

*2　前庭覚
　重力や身体（頭）の傾きやスピード，回転等を感じる感覚。耳の奥にある耳石器と三半規管を通して感じる。

4）加藤寿宏監修『子ども理解からはじめる感覚統合遊び 保育者と作業療法士のコラボレーション』クリエイツかもがわ，2019，pp.7-21．

5）池谷裕二・糸井重里『海馬−脳は疲れない−』新潮社，2005，pp.23-24．

　前庭覚は，揺れ・傾き・スピード・重力・回転等を耳の中の器官で（耳石器・三半規管）感じるものである。覚醒調整，重力に逆らう姿勢，多様な眼球運動等に関係し，バランスをとってボディイメージを発達させる。寝転がったり，回ったりしながら遊ぶもの，目で何かを追って遊ぶもの，多様な姿勢になるまねっこ遊び等が適している。

　以上の通り，第1章で述べた身体表現遊びの魅力としてのリズム性・表現性・双方向性の3点は，感覚の発達を促す遊びの要素を多く含んでいる。例えば，リズムに乗って友だちと踊る身体表現遊びは，リズムを聞く聴覚だけでなく，友だちと手をつないだり背中合わせになったりする触覚への刺激，友だちとの距離感や身体の位置を感じる固有受容覚という刺激，回ったりバランスをとったりポーズしたりしてスピードや傾きを感じる前庭覚への刺激を含む豊かな遊びである。

（4）身体の発育・発達と遊び

　身体の形態的機能として，5歳までの間に身長は約2倍，体重は約6倍になる。乳幼児期では，骨や歯は大人と異なる構造や質を有し，徐々に成熟していく。そのため，十分な栄養と適切な環境が必要となる。また，頭部の大きさと身体全体の大きさの比率も大人と異なり，6歳でも6頭身くらいである。そのため重心が上の方にあり転びやすい。呼吸・脈拍・排尿・睡眠・視機能等の生理的機能も未熟で，身体を使った身体表現遊びや運動遊びを行う時は十分な配慮が必要である。しかし，汗をかくことは汗腺が機能して発達するうえ，古い脳の機能としての自律神経の発達も促すこととなるので，積極的に遊びに取り入れることが望ましい。

6）河邉貴子・吉田伊津美編著『演習 保育内容健康 − 基礎的事項の理解と指導法 − 』建帛社，2019，p.28.

　乳幼児期の運動発達については，図2-3に示した通り，2つの特徴ある方向性がある[6]。一つ目は頭部から脚部への方向性である。「首が座る」のは頭部の発達であり，次に「寝返り」は体幹の発達であり「ハイハイ」は脚部の発達である。1歳半までには歩行ができるようになる。二つ目は中心から末梢への方向性である。上肢は腕の大まかな運動から手指のコントロールへ，下肢は大腿部を持ち上げて歩くことや走ることから足先で蹴る・こぐ等の動きができるようになる。乳幼児期の身体表現遊びは，このような特徴を踏まえた配慮が必要となる。

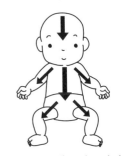

図2-3　運動発達の方向性

2 子どもの「遊び」は「生きる」こと

子どもは遊びが好きである。一つの遊びに没頭したり，つまみ食いのように次から次へ遊びを変えていったりもする。また，一つの遊びから別の遊びに発展していくこともある。子どもが遊びを好きなのは，生きることを楽しんでいるからである。子どもは遊びそのものが生きることと同じだからである。第4章で述べている通り，保育では「遊びを通して」の学びが求められている。それは遊び以外のもので置き換えられない。子どもには遊びが必要なのである。生まれてからいくつもの初めての環境に出会いながら生きていくのであるから，怖いもの知らずの好奇心や関心をもっている。

しかし，子どもの遊びが生きることと同じであるとするなら，子どもが遊んでいる時みんな楽しいとは思っていないかもしれない。なぜなら，生きる中では痛みや苦しみを避けることができないからである。人間が生きるとは，自分と環境の相互作用である。また，誰もがその関係をより良くしようという内的な欲求をもって生まれてくる。その欲求を「コンピテンス（以下「有能感」とする）」とホワイト（White, R.W.）[7]は名付けている。子どもは遊びの中で，有能感を感じたいと常に思いながら遊んでいるのである。子どもが遊んでいる時，その欲求の状態をしっかり見取ることが必要である。それは，遊びの能力をもつ人間を育てることは，生きる能力をもつ人間を育てることと同等な保育の重要な目標だからである。

7）White, R.W., Motivation reconsidered : The concept of competence, *Psychological Review*, 66 (5), 1959, pp. 297-333.

3 表現する子どもの身体

子どもの不思議な行動はたくさんある。狭いところに，わざわざ入って隠れたり，駐車している車の下をのぞいたりする。洗濯したシーツをたたもうとするとシーツの下にもぐってしまったりする。公園の水飲み場や手洗い場を見ると必ず水を出そうとしたり，初めてジャングルジムで遊ぶのに，なぜか自然に上に登っていこうとする。それぞれが不思議な行動である。

竹内敏晴は「からだはいつも呼びかけている。人は生活の中で，自分で気づかずに，様々なしぐさによって，自分のいる状況と自分の生きようと欲する方向の印を現わしている」[8]と述べている。上述の不思議な行動は，生きる中で，子どもがしたいことをやってみただけのことなのである。

8）竹内敏晴『思想する「からだ」』晶文社，2001, pp. 16-17.

保育の中で起こった子どもの自然な身体表現の事例を以下に４つあげる。

事例２−１　身体が歌いたいと思って歌い出した

　ある幼稚園の預かり保育の時間に，筆者が４歳児・５歳児と一緒に「手のひらを太陽に」を歌っている時，それまでリズム室が少し暗かったのに，天窓から日差しがちょうど入ってきた時があった。子どもの１人が「太陽が出てきた！」と叫んだ途端，子どもたちはみんな天窓の方に向き直して歌を歌い続けた。

＊３　内発的動機付け

　内面に湧き起こった興味・関心や意欲に動機付けられている状態のこと。内発的に動機付けられた行動とは，環境と自己との関連において，自己のコンピテンス（有能感）と自己決定感のみの感情を得たいがために携わる目的的な行動のこと。

　「手のひらを太陽に」を歌うことは遊びの流れの中で筆者が提案したことであるが，子どもたちは太陽からの日差しの方を向いて歌いたい気持ちになったので歌ったのである。まさに「内発的動機付け」＊３による歌うという遊び行動である。身体の向きが心から歌いたいことを表していた。そのような表出をした子どもたちを保育者（幼稚園教諭・保育士・保育教諭をいう）が受け入れた時，子どもたちは安心してその表出を拡大して表現という意識的な行動，例えば歌に合わせて踊り出すとかの行動を始めるかもしれないのである[9]。

9）前掲書8），p.208.

事例２−２　したいことが見つかってやってみた表現

　ある幼稚園の５歳児が，廊下にドングリ転がしのコースを作って遊んでいた。担任の保育者も一緒になってドングリを転がしていた。初めは１個ずつ転がしていたが，一度に転がすドングリの数がどんどん増えていき，ボールいっぱいのドングリを一度に転がす遊びになっていた。ひとしきり遊んだ後，子どもの１人が「ぼく，ドングリを頭から浴びたい」と言い出し，コースの一番下に頭を置いて寝転がった。それを見て友だちはボールいっぱいのドングリを寝転がる友だちに向けて転がしたのである。寝転がっていた子どもは思い通りドングリを頭から被って大喜びだった。それからは，ドングリをみんなで拾っては誰かが寝転び，誰かが転がすという遊びに発展していった。

10）前掲書8），p.198.

　竹内が述べている「『したくないことはしない』から『したいことをやってみる』さらに『ほんとにしたいことを探ってみる』」[10]という自由な表現を培う場が作り出された事例である。

事例２−３　前の体験と重ね合わせて発見した身体表現

　ある幼稚園の預かり保育の時間に，筆者は４歳児・５歳児に，好きなように遊ぼうと言ってきれいな色の布をひとり一枚渡した。子どもたちは，布を被ったり，頭の上に持って走ったりして遊んでいた。布の中に，伸縮する生地の緑色の大きな布を入れておいた。それを持って数名が遊んでいたが，誰かが「そらまめくんのベッドみたい！」と言った途端，大勢が集まってきて，布の中に入り出した。布の両端を持つ子どもも出てきた。

　園の中で読み聞かせの時間で知っている絵本『そらまめくんのベッド』（な
かやみわ作・絵，福音館書店，1997.）での温かい気持ちの体験を，緑の布を見て
思い出したのであろう。前の体験と重ね合わせて自分たちが発見した身体表現
であった。そらまめくんやグリンピースの兄弟たち等の命が子どもたちの身体
に温かく息づいているその世界は，非常に価値ある表現だと感じた。

事例2-4　心が成長する瞬間を見た「どうぶつバスケット」の身体表現

　ある幼稚園の預かり保育の時間に，筆者は保育者と一緒に4歳児・5歳児と「どうぶつバス
ケット」をした（内容は第6章4参照）。各自，動物の顔を書いたカードを胸にぶら下げてゲーム
が始まった。ルールは，胸にぶら下げたカードの動物の名前を呼ばれたら，その動物のまねをして
お引っ越しをするということだけであった。「ゾウ」「ウサギ」「ゴリラ」「タヌキ」「カエル」「カメ」
「ヘビ」など子どもたちがよく知っている動物を選んでいた。模倣の遊びと競争の遊びをミックス
させて楽しむというねらいであった。しかし，「ゾウ」「カメ」「ヘビ」が呼ばれると，子どもたち
はその動物がゆっくりゆっくり歩く様子を一生懸命模倣して，目指す椅子まで移動したのだ。

　それまでは，椅子取りゲームで椅子に座れないとすねる子どもや泣く子どももいたのに，この動
物椅子取りゲームでは，模倣の遊びの方が楽しくて，ゆっくり歩いてしまった。しかし結局椅子に
座れなくても誰もすねたり泣いたりしなかったのである。途中で動物カードを交換する時には，
「ゾウ」「カメ」「ヘビ」になりたい子どもが多くて，じゃんけんでとりあったくらいであった。

　竹内は「生きることを表現すること，あるいは認識することと言ってもいい
し，行動することと言ってもいいが，そのようなすべてが一つになって人が成
長する瞬間がそこにあるのだ」[11]と述べているように，子どもたち心の力が，　11) 前掲書8)，p.214.
一つの淵を飛び越えた成長の瞬間を子どもたちの身体から感じた事例である。

● 演習課題

課題1：これまでで自分を成長させた環境（ヒト・モノ・コト）の中で影響の大きいものは何か，
　　　　話し合ってみよう。

課題2：これまでに出会った子どもとの感動したコト，または印象に残っている子ども（ヒト）に
　　　　ついて話し合ってみよう。

● **参考文献**

Bandura, A., *Social foundations of thought and action:A social cognitive theory*, Prentice-Hall Inc English Clliffs, 1986.

コラム　　豊かな身体表現と子どもの育ち

　身体表現を「豊か」にしたいと思うのは，身体という心の翻訳器を通じて子どもの今が確認できるからである。保育者は子どもの日常に接していてその背景が見えるからこそ，奥深い豊かさが感じられて感動する。しかし，そこには今起きているストーリーに加えて，子どもの年齢によっても意味が大きく違うことを知っておく必要がある。概ね次のように分かれる。

1　表現的発達の視点から*

　1歳児は自分が意識することなしに，自然と表現してしまうような「心の表出」が中心になる。うれしい時の笑顔や保育者への凝視，何か欲しい時に手を出す等である。2歳児はうれしい時にぴょんぴょん跳びはねたり，ひたすら走るような，「身体全体の動き」で気持ちの高まりを伝えてくれる。川がキラキラ光って流れる様子を「お水がこんなん」と言って両手の手の平をひらひらさせて知らせてくれる表現等には，感動すら覚える。3歳児は友だちと表現することができるようになる。また，「模倣」が好んで行われるようになりそのうまさには舌を巻くが，他児への観察力ができてきたのである。4歳児・5歳児は集団で表現することも上手になり，大きな花が散る様子を数人で手をつなぎ丸くなった一つの花から，ひとひらずつ花弁が散っていく様子も表現できる。パラバルーンを池に「見立てる」ような少し大きめの視点もみられる。6歳児は「知的な動き」ができ，科学的なものの様子をとても上手に表現できるようになる。

　どの年齢においても，保育者にとってその時々に豊かな身体表現と見えるのは，子どもの心身の発達が見えた瞬間に立ち会えた喜びでもあるからだ。

2　集団の中での感情の発達から

　集団でみられる感情の発達は図2-4のように年齢によって大きく違う。「怒る」感情は年齢と共に劇的に減少するが，自分の意思を伝える表現行為の発達のたまものである。しかし，「恥ずかしい」気持ちはどの年齢でも一定数いることを知っておくとよい。

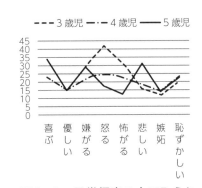

図2-4　日常保育の中でみられる感情の場面

注）1527件中の％　再構成
出典）古市久子，他「幼児の心の豊かさを育てる身体表現の教材研究」平成10～11年度科学研究費補助金研究成果報告書，2000，p.9.

　* 古市久子「幼児の身体表現における『豊かさ』の概念について」保育学研究，34巻2号，1996，pp.25-27.

第3章　大人の役割

　大人の役割は子どもを評価して導くことではない。身体表現の領域では，伝え合い，支え合い，受容し合うことである。子どもにとって初の社会である家庭での大人は，生活と密着した最も身近な存在である。また，保育者（幼稚園教諭・保育士・保育教諭をいう）は子どもたちの集団の中で，子どもたちと対峙するプロフェッショナルな存在である。本章では，家庭の状況の変化も踏まえた身体表現にとっての家庭の役割，そして保育現場での身体表現遊びの実践事例から保育者の役割を理解する。

木陰でのゆったり遊び

1　家庭の役割

　身体表現活動は，就学前施設（幼稚園・保育所・認定こども園をいう）で子どもが体験する「コト」であると限定してしまってはいないであろうか。子どもが生活する基盤は家庭である。子どもの日常には身体表現があふれている。生活とかけ離れた身体表現は，通常の生活をしている子どもの場合あり得ない。そのため子どもの身体表現における家庭の役割は大きい。

（1）家庭状況の変化による家族の双方向性の揺らぎ

1）鷲田清一『くじけそうな時の臨床哲学クリニック』筑摩書房，2011，p.208.

鷲田は[1]，「子どもを育てる場所で大事なのは，『いっしょに』ということ」と述べている。家庭の中で家族が様々な遊びや経験を「いっしょに」することで，身体で感じ合うことができ，お互いの感情や思いなどに心を向けることができる。この家族の双方向性が揺らいでいる。その原因ではないかと危惧する家庭状況の変化は次の３点である。

1点目は，家庭の世帯構造の構成割合の変化である。厚生労働省の国民生活基礎調査では，1986（昭和61）年から2022（令和４）年の36年間で三世代世帯が15.3％から3.8％に減少している[2]。また，厚生労働省の人口動態統計月報年計（概数）の概況によると合計特殊出生率は1985（昭和60）年で1.76，2023（令和５）年は1.20と発表されている[3]。2点目は，子どもが家の外にいる平均時間が長くなっている点である。ベネッセ教育総合研究所は1995（平成７）年から2022年の幼児の生活アンケートの比較から，「園に向けて家を出る平均時刻は27年前より24分早くなった。また帰宅する時刻は平均1時間6分遅くなった。その結果，家の外にいる平均時間は，7時間42分となり，27年前より1時間30分増加した」と報告している[4]。3点目は家庭における情報機器の保有数の増加である。総務省の調査結果から，2010（平成22）年から2022（令和４）年の12年間で，スマートフォンの世帯保有率は9.7％から90.1％に，家庭用テレビゲーム機の世帯保有率は23.3％から32.4％に，タブレット型端末の世帯保有率は7.2％から40.0％に各々増加している[5]。そして，ベネッセ教育総合研究所の調査では，それらの機器を母親と子どもが一緒に使う頻度が，2022年度でスマートフォンは53.8％，テレビゲームは23.8％，タブレット型端末は39.3％となっている[5]。

2）厚生労働省「2022（令和４）年国民生活基礎調査の概況」2023，p.3.

3）厚生労働省「令和4年（2022）人口動態統計月報年計（概数）の概況」2023，p.6.

4）ベネッセ教育総合研究所「第6回幼児の生活アンケート レポート」2022.

5）総務省「令和4年通信利用動向調査」〔第2部 第8節1（1）〕2023.

以上のことから，子どもが家庭の中で祖父・祖母，きょうだいと触れ合うことが少なくなり，家にいる時間が減っていることがうかがわれる。そのため家族間の関わり方の質を家庭の中で工夫することが必要となる。特に，情報機器は便利であるが，手にも身体にも触れることができない「モノ」が子どもと関係をもち，本物に触れた時の「コト」とは異なる「コト」が起きるのだということを忘れないで，情報機器に対して構えていくことが必要である。

（2）家庭が支えていくもの

子どもは一人一人違いがあるのだから，きょうだいや近所の友だちと比べたり，ひとつのゴールにはめ込んだりしないことが大事である。ひまわりをきれいだと表現する子どももいれば，怖いと表現する子どももいる。自分より背が

高く日に焼けて怖い顔をした人に出会って怖かった経験がある子どもは，背の高い黒い丸のあるものを怖いと認知しているので，ひまわりを怖いものとして身体表現するかもしれないのである。すなわち，どんな環境でどんなことを認知してきたかによって，同じ「モノ」でも受け取り方や表現が異なるのである。そのため，家庭では，子どもが自分の思いを声や身体で十分に表せられるように，子どもの表しをあるがままに受容し，その子どもの選択肢が多様となる環境を支えることが家庭の役割である。そのためには，子どもの情動や身体へのまなざしを忘れず，しばられた常識的枠を取り除き，五感を十分に働かせる体験，豊かなコミュニケーションの体験，バーチャルでない本物の体験ができるよう，できる限りの努力で子どもを支えていきたい。

2　保育者の役割

　遠藤らは保育の現場で実際に行われている表現遊びについて観察調査を行い，子どもの共感的相互作用を高める保育者の対応についてまとめている。この調査では，保育者がどのような言葉掛けや対応をしているかを，保育中の保育者がウェアラブルアイカメラ*1を装着し，記録した。その中から事例を紹介する6)。調査は，兵庫県A市公立幼稚園4歳児（男児16名，女児12名，計28名）の保育室で実施した。対象の保育者は幼稚園教諭として18年の経験をもっている。調査は11月上旬に行い，子どもたちは公園に出かけドングリを拾ったり，秋の植物や虫等に触れたりする経験を事前にしていた。保育者は子どもたちにドングリのお話をしたり，身体表現遊びを楽しんだりする約30分間の遊びを設定した。遊びのねらいは「自分なりのドングリになったり友だちの姿を見たりしてドングリを思い描いて遊ぶことを楽しむこと」であり，保育の内容は「ドングリの歌を歌ったりドングリになったりする」という形で保育が行われた。この実践研究から保育者の役割を理解していこう。

（1）ドングリの話を聞き，ドングリの歌を歌う
　　　遊びの導入場面

　保育者が「このお山にはね，色んなドングリの木が植わっているんだ」と場所のイメージを伝えると，女児が即座にドングリの木にぶら下がる様子を表現し始めた（写真3-1）。その表現をきっかけに，座って話を聞いていた子どもが立ち上がり，頭の上に手をあげてドングリの形を表現したり，床に伏せて転がるドングリを表現したりしていた。

＊1　ウェアラブルアイカメラ

　視線と音声を同時に記録できるため，保育中の保育者の行動や子どもたちの表現を客観的に捉えることができる。これにより，ビデオカメラを用いる研究では得られない視点や情報を取得することができる。

　特に身体表現遊びを指導する際には，保育者自身の動きや子どもたちとの関わりが重要である。ウェアラブルアイカメラを用いることで，保育者の視線や行動を記録し，保育者がどのように子どもたちと関わりながら指導しているかを詳細に振り返ることができる。また，この記録を活用することで，保育者の意図や子どもの理解を具体的に振り返ることができる。

6）遠藤　晶，他「幼児の共感的相互作用を高める保育者の気づきと対応-ウェアラブルアイカメラによる記録分析を通して-」教育学研究論集（武庫川女子大学大学院），17，2022，pp.7-14.

　保育者は，遊びのきっかけになった女児を見た後，まだ遊びに参加できていない子どもはいないか，座席にいる子どもに注目していた。また，子どもの表情を手掛かりに，遊びに興味や関心をもち遊びに参加しているか，友だちと一緒に表現を楽しんでいるかを確認していた。

写真3-1

「このお山にはね，色んなドングリの木が植わってるんだ」という保育者の話を聞いて動き始めた女児。

（2）周りの子どもたちとの対話的な表現が広がっていく場面

　写真3-2は，ドングリの歌を歌い終わり，保育者が子どもの表現を見て，「わあ，なんか木の上でダンスしているドングリさんもいるみたい」と伝えた場面である。しゃがみ込むK児（4歳，女児）の表現を見て「え，どうしたの？ Kちゃん？」と保育者が尋ねると，K児はドングリが落ちる様子を表現し始めた。

　保育者は，子どもがどんな形のドングリになっているか，どのような思いでドングリになっているかを確認しようと，子どもの表情や手の動きに注目していた（写真3-3）。子どもの「思い」や「つもり」は何か，一人で表現を楽しんでいるか，複数で表現を楽しんでいるか，子ども同士の関わりが広がっているか等にも注目していた。ドングリになった子どもの「木が高いからおりるのが怖い」という発言を受け，他児が「大丈夫だよ，下はふわふわだよ」と会話をしていることも確認していた。保育者が「葉っぱの上でドングリたちは何をするのかしら？」

写真3-2

　2人で小さくなってドングリの表現している子どもに注目し「どうしたの」と保育者が声を掛けた。

写真3-3

　ピアノ伴奏しながら，手を高く上げてドングリの表現をしている子どもの手に注目した。

と聞くと，子どもが「ダンス」と答えたので，保育者は伴奏をした。手元の鍵盤を見ながら伴奏をするのではなく子どもの様子を見ながら，伴奏をしていた。このように，ウェアラブルアイカメラを用いることで，保育者が，子どもの表現しようとする姿をよく見て子どもの表現を認める言葉掛けをしたり，意欲的に考えられるように対応したりしていることを具体的に示すことができた。

（3）身体表現遊びにおける保育者の役割

　上記の実践研究から，身体表現遊びの楽しさは，保育者と子どもだけでなく，子ども同士が双方向的に関わることでその楽しさが増すことがわかる。身体表現遊びにおける保育者の役割は次のようにまとめられる。

1）遊びの様子を確認するポイント

　興味や関心をもって遊びに参加しているか，自分なりの表現を各自で楽しんでいるか，遊びに参加できていない子どもがいないか等，子どもの様子をよく見て確認しよう。

2）子どもに関わる際のポイント

　何かが始まる期待感がもてるような穏やかな話し方を心掛け，子どもの思いに寄り添うように対話を大切にしよう。ピアノ伴奏等を活用して，イメージを高めるような工夫もしてみよう。

3）双方向的な関わりを高めるポイント

　子どもの表現を肯定的・受容的に受け止め，子どもの気付きや小さな表現を「価値あるもの」としてとらえよう。また，子どもが保育者に認めてほしいという「思い」や，子どもが考えるユニークな表現やその子なりの表現に温かく共感しよう。何よりも，保育者も子どもと一緒に表現を楽しむことを大切にしよう。

●演習課題

課題1：子どもの身体表現における家庭の役割を箇条書きにまとめてみよう。
課題2：子どもに関わる際の保育者の役割を実習等の経験から話し合ってみよう。

コラム　　地域の中の子ども

　文部科学省は2002（平成14）年に「地域参加による学校づくりのすすめ」*1で，「住民・学校・行政が共同して考え，作り，育てる」ことを謳（うた）っている。現在はスポーツの指導だけではなく，祭りや伝統行事の伝承，子ども見守り隊，学習支援，子ども食堂等，様々な分野で子どもとのつながりが増えている。読み聞かせや体験教室等は，幼児向けの支援として定着してきており，地域全体として子育てを支援する方向に向かっている。現代社会の動きを有効にするために，行き違いが起きないように，本当に必要としていることを発信する時が来ている。それは二つの面から考えられる。一つは地域への発信，もう一つは地域の特性がもつ特徴である。ここでは地域の支援と園からの発信が成功した，身体表現活動の例を示す。

運動会における身体表現「チャボの冒険」*2

　運動会で自由な身体表現が一般的でなかった時代，京都府八幡市の幼児園（幼稚園と保育所の保育が同じ所で行われた施設）で，1～5歳児までの合同の演技が行われた。卵から生まれて成長するまでを描いた「チャボの冒険」を，子どもたちと教員でつくりあげた。基本は自由表現であった。チャボの表現に悩んだ時，地域から提供された数羽のチャボを園庭に放し，その動きをまねて5歳児の面白い動きが決まった。できあがった演技がどう受け入れられるか不安の中で，作品をつくりあげるまでのプロセス全部を，当日プリントにして観客に配布したことで，見ていた保護者の理解も得られ，演じ終わった時の感激は大きなものとなった。園から全てを丸ごと発信したことで，地域の人も一緒に作品をつくりあげたという心が感動を倍加させたのである。

　地域と一緒に育ちを援助するという，形式的でない以前とは違った地域のつながりを考えていく時が来ている。子育ては一人の孤軍奮闘で行うものではないという意識も広がってきた。大きな災害が起きるかもしれない時代にあって，地域は命を育むためのつながりでもある。園も同じである。必要なことを発していけば地域から知恵は得られる。地域と園が協力し双方で考え抜いていくところに，新しい育ち方の化学反応が起きることを期待したい。この事例の保育者たちの態度は，子どもにこれからの生き方を示し，寛容で知恵のある優しい心を育むことにもなる。

*1　文部科学省「地域参加による学校づくりのすすめ」2020.
*2　古市久子「1～5歳児の合同によるリズム表現—『チャボの冒険』の構成過程と内容の分析」大阪教育大学幼児教育学研究，8巻，1987，pp.31-41.

第 **4** 章　遊びの広がり

第 4 章では，幼稚園教育要領（以下，教育要領），保育所保育指針（以下，保育指針），幼保連携型認定こども園教育・保育要領（以下，教育・保育要領）における「遊び」のとらえ方を理解するために，現行版教育要領のポイントを確認する。さらに，身体表現の遊びが，人との関係を豊かにすること，身近なモノ・コトに気付くようになること，言葉の育ちを豊かにすること等，他領域と関連して遊びが広がり子どもの育ちに役立つことを理解する。

靴の整頓遊びが始まった

1　教育要領，保育指針，教育・保育要領における「遊び」のとらえ方

（1）幼児教育・保育における「遊び」について

　2017（平成29）年3月に告示された現行版教育要領（第1章 総則）では次のようなポイント[1]が示された。

①　「環境を通して行う教育」を基本とする。

1）文部科学省「新幼稚園教育要領のポイント」2017，p.6.

② 幼稚園教育において育みたい資質・能力が明確化した。

③ 5歳児修了時までに育ってほしい具体的な姿を「幼児期の終わりまでに育ってほしい姿」として明確化し，小学校との連携についても強調された。

④ 幼児一人一人のよさや可能性を把握するなど幼児理解に基づいた評価を実施することが確認された。

⑤ 言語活動などを充実させ，障害のある幼児や海外から帰国した幼児など，特別な配慮を必要とする幼児への指導を充実させることが確認された。

表4-1　「幼児期の終わりまでに育ってほしい姿」10項目

① 健康な心と体
② 自立心
③ 協同性
④ 道徳性・規範意識の芽生え
⑤ 社会生活との関わり
⑥ 思考力の芽生え
⑦ 自然との関わり・生命尊重
⑧ 数量・図形，標識や文字等への関心・感覚
⑨ 言葉による伝え合い
⑩ 豊かな感性と表現

出典）文部科学省『幼稚園教育要領』（第1章 第2），2017.

幼児期に育みたい資質や能力（「知識及び技能の基礎」「思考力，判断力，表現力等の基礎」「学びに向かう力，人間性等」）は，小学校以降の教科指導とは異なり，幼児の遊びや生活の中で総合的に育まれる（教育要領 第1章 第2）。5歳児修了時までに育ってほしい具体的な姿「幼児期の終わりまでに育ってほしい姿」10項目が示され（表4-1），幼児教育と小学校教育との接続が一層強化されることが期待されている。

幼児は安定した情緒の下で自己発揮をすることにより発達に必要な体験を得ていくため幼児期にふさわしい生活を展開すること，「遊び」は幼児にとって重要な「学習」であり，遊びを通しての指導を中心とすること等，これまでの基本的な考え方は引き継がれ，就学前施設（幼稚園・保育所・認定こども園をいう）等において幼児教育での実践が行われている。

（2）幼児教育・保育における「身体表現遊び」について

身体表現遊びは，音楽やリズム・模倣・伝承遊び・多様な文化・言葉・環境・お話等を身体の表現と共に楽しむ遊びである。以下にあげた①～③は，歌に合わせて手や身の動きを楽しむ遊び，④～⑦は全身でリズミカルな動きを楽しむ遊び，⑧は何かを模倣したりお話の世界を表現したりすることを楽しむ遊びである。

① **手遊び**：歌いながら手や身体を動かしてリズムや動きの表現が楽しめる。

　例）「グーチョキパーでなにつくろう」「キャベツのなかから」等。2人や複

数の人数で向かい合って遊ぶ「アルプス一万尺」等がある。

② **歌遊び**：「遊び歌」ともいう。立って，動いて，複数の人数で楽しめる。

例）「じゃんけんれっしゃ」「かもつれっしゃ」等。

③ **わらべうた遊び**：日本の伝統的な旋律の歌に合わせて手や身体を動かして
楽しむ遊びである。

例）「ちょちちょちあわわ」「ちゃつぼ」「なべなべそこぬけ」等。

④ **リズム遊び**：リズムを身体の動きで表現する。「リズム表現」等ともい
う。

例）「とんぼのめがね」のピアノ伴奏に合わせてトンボを表現し，曲が止ま
れば止まってトンボになる遊び等。

⑤ **リズムダンス**：楽曲に合わせてダンスをする。

⑥ **フォークダンス**：世界各地で踊られる民族舞踊である。

例）「シューメーカーダンス」「キンダーポルカ」等。

⑦ **幼児体操**：身体の部位の動きを意識して動く体操。

例）「たけのこたいそう」「はとぽっぽたいそう」等。

⑧ **表現遊び**：保育者（幼稚園教諭・保育士・保育教諭をいう）や友だちと歌っ
たりリズムを合わせたりし，動きの模倣を楽しんだりする遊びである。

例）「ドングリ」になって，転がる様子やドングリが風に飛ばされた様子を
思い描きながら，子どもの思い思いの表現を楽しむ遊び等。

次の第5章以降では，さらに詳しい遊び方の例を載せている。感じたことや
考えたことを自分なりに表現して，豊かな感性や表現力の育成に活用してほし
い。

（3）身体表現遊びの広がりと保育者の役割

身体表現の遊びでは，保育者や友だちと歌ったりリズムを合わせたり模倣を
楽しみ，歌や絵本の世界を表現する。保育者の動きを見て一緒に模倣したり，
保育者とやり取りをしたりして遊ぶ機会が多い。そのため，保育者主導の遊び
のようにも見えるかもしれない。初めは保育者のすることの見よう見まねで
あっても，徐々に工夫したり，新たな発想が生まれたりすることがある。自分
の思いや発想を身体で認識すると共に，他者の思いや発想にも気付いていき互
いに価値のあるものとして尊重しながら多様なイメージを広げることにつなが
る。また，保育者と一緒に遊びながら安心感や楽しさを味わうことができれ
ば，表現することへのためらいや抵抗感は軽減される。徐々に一緒に遊んでい
る友だちと遊びの楽しさや友だちとの関係性が学べる等，非認知的能力[*1]の育
成にも役立つ。

＊1　非認知的能力
　知識・技能，思考力
等を含む認知能力に対
して，非認知的能力
は，自分の目標を目指
して粘り強く取り組も
うとする忍耐力や，そ
のためにやり方を工夫
したり，友だちと同じ
目標に向けて協力し合
う協調性等，人の心や
社会性に関わる力を指
す。非認知的能力の育
成のために幼児期から
の教育の重要性が指摘
されている。

　身体表現遊びは正解がない遊びである。保育者の適切な関わりによって，個人の経験や能力に応じた多様な表現を楽しみ，豊かな感性と表現を育む機会にもなる点で，保育者の役割は重要といえる。

2 身体表現と多様な領域との関わり

　ここでは，身体表現の遊びが，人との関係を豊かにすること，身近なモノ・コトに気付くようになること，言葉の育ちを豊かにすること等の多様な領域と関連している事例を見ていきたい。

（1）人との関係を豊かにする

　新しく入園したばかりで緊張している子どもが先生と一緒に歌を歌ったりすると，和やかな雰囲気を感じたり，落ち着きや安心を感じることができる。また，リズム遊びを楽しむことを通して，友だちとの心の距離も縮まる。このようにリズムのある遊びを通して，人と触れ合い，模倣を楽しみながら，人との関わりが密接に感じられるようになる。

　年長児と年少児が2人で手を合わせて歌う際，年少児のテンポに合わせて年長児がゆっくり歌ったりすることが観察できる。相手のテンポに合わせることなど他者への思いやりを感じる場面である。

　人の前で発表する場合，緊張することもあるが，見てもらううれしさや喜びを感じるのも表現することを通して経験する。このように，表現することを通じて様々な人との関係を経験することができる。

（2）身近なモノ・コトに気付くようになる

　教育要領（第2章）の「表現」の「内容の取扱い」には，以下の記述がある。

（1）豊かな感性は，身近な環境と十分に関わる中で美しいもの，優れたもの，心を動かす出来事などに出会い，そこから得た感動を他の幼児や教師と共有し，様々に表現することなどを通して養われるようにすること。その際，風の音や雨の音，身近にある草や花の形や色など自然の中にある音，形，色などに気付くようにすること。

　＊保育指針，教育・保育要領にも同様の記述が記載されている。

　身近なものや出来事に気付き，それを様々な方法で表現すること，例えば身体で表現することで，新たな気付きをもたらすことがある。例えば，保育室で

飼育していた「カブトムシ」を観察して，「カブトムシ」の動きを身体表現する子どもや，園庭で見つけた「アオムシ」から「アゲハチョウ」に変化する過程を観察し，その様子を伝えたいとじっとしてさなぎになっている子どもがいる。こうした場面で，言葉で伝えにくいことも，身体を通して伝えることで，経験したことや，身の回りの出来事に一層興味をもち，気付きを共有したくなることがある。動きや形がどのようなものだったか等，特徴に興味が広がり，観察力も高まる。実際に見たり経験したりしたことを身体で表現することを積極的に取り入れて，感動を共有し，共感し合う力や自から学ぼうとする意欲を育てたい。

（3）言葉の育ちを豊かにする

　幼児期に言葉が増えていく過程で，身体で表現することが，言葉の育ちを豊かにする。例えば，モノの大きさや小ささを表す「おおきい」や「ちいさい」，静かさ，やさしさを表す「しずかに」「やさしく」等，言葉がもつイメージを身体で表すことができるようになると，日常生活で会話が豊かになる。

　川の水面が光っている様子を見て，手を広げて「キラキラ」というオノマトペを使って表現することや，落ち葉が舞う様子を見てダンスをするように表現する等，感じたことや言葉にならない感情等を表す言葉にも気付いていく。

　身体で表現することによって，絵本やお話に登場するヒトやモノの心情や状況をより理解しやすくすることがある。子どもの身体表現を受容的に受け止め，関わることは，子どもの言葉の育ちを豊かにするのに役立つ。

　さらに，身体表現遊びを通して，日本の伝統的な音楽や外国の曲に触れる機会も提供できる。こうした遊びを通じて，自国の文化や日本語以外の言葉に触れることは，国際理解のきっかけにもなる可能性がある。

●演習課題

課題１：「遊び」が，子どもにとって重要な「学習」であると理解できる事例をあげ，どのようなことを「学習」しているか，具体的に考えてみよう。

課題２：一つの遊びが，５領域をまたがった遊びになっていることがある。その例をあげて話し合ってみよう。

コラム　環境の中で育つ子ども

1　社会情勢は子どもの心に大きな影響を与える

　阪神・淡路大震災の後，小学 5 年の男子が「黒い虹」の絵を描いたことがテレビで放映された。また，末永蒼生は「絵の多くは，赤と黒，黄色と黒など対比的な配色で画面が分割されていた。あたかも世界が引き裂かれたような表現だった」[1]という。

　2020（令和 2 ）年以降の現在においてはコロナ禍での発達の遅れ等が憂慮されるが，情況を正確に把握し，もろもろの項目を分析し，今できることは何かを考えて，乗り切る決意をもってほしい。

2　自然の中へ出ていこう

　自然は多様で変化していき，直接子どもの五感を刺激する。自然はどのような時も，人間の都合に合わせてくれないことは，子どもを驚かせ，また面白がらせる。花が咲く瞬間も，散る瞬間も動きで表現したくなる。カマキリがかまを振り上げる姿は，大人でもやってみたくなる。昆虫が羽化する瞬間は息をのむほど美しい。葉っぱについた雨粒は虹色に輝いて，見ていて飽きない。自然体験を推奨する話は数多いが，課題は子どもたちが自然に身を置く環境がどれだけ用意されているかである。

　身体表現を使って学ぶ理科の授業を行った先生がいる。「ダンスで，理科を学ぼう」という実践で「メダカのたんじょう」「てんびんとてこ」「もののとけかた」を行ったという事例が報告されている[2]。生き物の一生は感動的で，取り組みやすい素材である。自然の不思議をめぐる謎解きは，子どもの心をとらえて離さない。

3　日常の保育で

　子どもにとって環境は身近に触れるモノ，コト，言葉，周りのヒトの態度である。何かを教えようと考える前に，子どもの日常に起きていることが，環境であることを忘れてはならない。次々と刺激の多すぎる環境は，はたして遊びを広げていくことができるのだろうか。じっくりとひとつのことに向き合える時間ももちたい。保育に当たる者は，毎日の生活が子どもの明日をつくることを忘れず，丁寧に保育を行いたいものである。手話を取り入れた歌や，国籍を越えた踊り等，インクルーシブ保育を考えたテーマもどんどん取り入れると，遊びは広がりを見せる。一方で，情報機器・防災等は今後のテーマである。

＊ 1　末永蒼生「子どもたちは戦争をどう感じているのだろう」（https://arttherapy-color.jp/colorlink/2022/06/23/suenaga-essay03/）

＊ 2　栁原沙織「身体性を伴った理科学習についての試論−『ダンスで，理科を学ぼう』の授業分析−」授業実践開発研究．2 巻，2009，pp.7-15.

第**5**章　リズムを楽しむ

　人は，生まれる前から心臓が動き，生まれたその時から，呼吸を開始し始める。その身体にはリズムが発生している。つまり，人は，命を与えられた時から，リズムと共存し，リズムが身体に響いているのである。リズムは身体の様々な部位から生じている。身体表現遊びが苦手な子どもでも，その人差し指だけが上下に「トントン」と動いたり，身体が揺れ始めたりしたら，その遊びのリズムが子どもたちの身体と心に響いている。

先生のピアノで踊りだす

1　「キンダーポルカ」のリズム遊び

　「キンダーポルカ」は，ドイツに伝わる最も易しいフォークダンスの一つである。リズミカルな曲に乗って，１人でも２人でも踊りを楽しむことができる。また大勢で踊りながらパートナー・チェンジをすることもできる。途中の振りの中でクラップ（体をたたく）する身体の部位を自由に変化させたり，指差しの振りのところで相手に言葉を掛けたりすることをリズムに乗って楽しむこともねらいとする。

　フォークダンスとは民俗舞踊のことである。簡単なステップのため，身体がシンクロするので一体感を感じられる。また，友だちと手と手を取り合うこと

2人向かい合ってシングルサークル

が多いため楽しい。みんなで一つになれることが魅力である。この楽しさは第8章の日本の民俗舞踊「盆踊り」のように，世代間をつないでいく伝承遊びとしても価値のあるものである。

（1）シングルサークルで2人向き合いパートナー・チェンジをする方法

①**前奏**　2人が向き合い両手を取り合ってそのまま待つ〔8×1〕

②

③

②を繰り返す〔8×2〕

両手を大きく振りながら，円の中心側の足からステップ・クローズを2回（1，2，3，4）。スタンプ3回（5，6，7），休む（8）。反対の足から同じ動作〔8×2〕

④

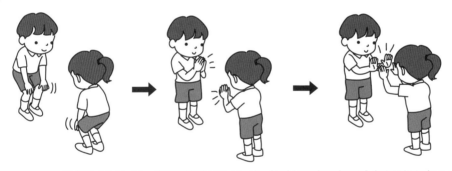

両膝を両手で1回クラップ（1，2），体前で拍手1回（3，4），相手と両手の手のひらを3回打ち合い（5，6，7），休む（8）。繰り返す〔8×2〕

⑤

各自右手人差し指をパートナーに向けて3回振り，同時に右足踵を前に出し，左足で軽くリズミカルにホップし（1，2，3），休む（4）。向ける指とホップする足を変えて同じ動き（5，6，7），休む（8）〔8×1〕

⑥

スタンプ3回

4歩

4歩でパートナーと右肩同士すれ違って通り抜け新しいパートナーと向き合い（1，2，3，4），スタンプ3回（5，6，7），休む（8）〔8×1〕

　この振りの④の「相手と両手の手のひらを3回打ち合い(5，6，7)」の動きを変えて楽しむことができる。例えば「自分のひじと友だちのひじを3回打ち合う」，「自分のおしりと友だちのおしりを3回打ち合う」「自分の足の裏と友だちの足の裏を3回打ち合う」等である。また，子どもたちの自由な動きを取りあげて踊ることでも楽しみを深めることができる。

　さらにこの振りの⑤の指差しをする時，相手に言葉を掛けるとパートナーとのコミュニケーションが深まりこのダンスが一層楽しくなる。例えば，指差しを左右3回する時，「あなたが(1，2，3)，休む(4)，だいすき(5，6，7)，休む(8)」あるいは「○○ちゃん(1，2，3)，休む(4)，さよーなら(5，6，7)，休む(8)」という言葉掛けでリズミカルで楽しいパートナー・チェンジができる。

（2）サークルをつくらず同じペアで最後まで踊る

　子どもたちにとってはシングルサークルをつくり2人向き合うことより，2人1組になることの方が簡単である。まず2人1組ですることにより，この曲のリズムを身体で楽しいと感じることから始められる。シングルサークルで踊る(1)の方法と異なるのは⑥の動きである。この部分の踊り方を右に示した(⑦)。

（3）自由な隊形に広がり1人で踊る

　(1)の動きを相手がいるような気持ちで1人で踊る。動きが異なるのは④と⑥である。④は⑧のように，⑥は⑨のように踊る。この踊り方では，保育者(幼稚園教諭・保育士・保育教諭をいう)が1人で踊っている子どものパートナーになって回っていくことで楽しさも変わる(⑧・⑨)。

⑦

右回りにランニング4歩でひとまわり(1,2,3,4)，元の位置に戻ってスタンプ3回(5,6,7)，休む(8)〔8×1〕

⑧

両ひざを1回たたく(1〜2)，拍手1回(3〜4)，両手腰に当てスタンプ(5，6，7)，休む(8)，以上をもう1回行う〔8×2〕

⑨

右回りにランニング，4歩で1回まわり(1,2,3,4)，スタンプ3回(5,6,7)，休む(8)〔8×1〕

2　リンゴの森の子猫たち

　アニメは子どもに人気があり，そのオープニング曲やエンディング曲には，自然に身体を動かしたくなるようなリズミカルで楽しい曲が使用されている。「リンゴの森の子猫たち」（作詞：松本隆　作曲：筒美京平）は，1980年代の人気テレビアニメ「スプーンおばさん」（原作：ノルウェーの児童文学作家　アルフ・プリョイセン）のエンディング曲である。古いものであるが，リズミカルな曲に合わせて，猫をイメージした動きや身体表現を十分に楽しめる。

①前奏　リズムをとる〔8×1〕

②♪リンゴの森の子猫たちに

両手を腰につけ膝を屈伸しながら体を左にねじる（1,2），右にねじる（3,4），左右繰り返す〔8×1〕

③♪誘われたのよ楽しいPARTY

右指を軽く握り，猫が手招きするように右へステップクローズ2回（1,2,3,4），左へ同様に（5,6,7,8）〔8×1〕

④♪木靴カタコトタップ・ダンス

指を軽く握り，左手は腰，右手は上，右足ヒールポイント（1,2），左に揃える（3,4）。左も同様に行う（1,2,3,4）〔8×1〕

⑤♪枝に小鳥のコーラス隊ね

体を少し前に倒し，両手を羽のように広げ，右回りに両足跳び（1,2）を4回〔8×1〕

⑥♪好きよスプーンおばさん

両手で頭上に円をつくり右（1,2），左（3,4），前（5,6）に曲げる，体を起こしながら胸の前で両手を広げる（7,8）〔8×1〕

⑦♪さあさ一緒に踊りましょ

両手パーを左右に動かしながら, ③と同様に右へステップクローズ2回, 左へ2回〔8×1〕

⑧♪好きよスプーンおばさん

⑥と同じ動きで〔8×1〕

⑨♪シェイプ・アップもしなくちゃね

拍手1回, 右手は上, 左手は下にしながら両足跳び, 拍手1回して左右反対で同様に繰り返す〔8×1〕

⑩♪ほら見えない倖せと

身体の前で大きく手を回しながら2人向かい合う〔8×1〕

⑪♪クルクル手をつないで

手を取り合って, 右手左手を交互に引き合うことをゆっくり2回（1,2,3,4）, 速く2回（5,6）, 両手を離しグーで肩（7,8）〔8×1〕

⑫♪熊のドラムにあわせながら
　　シルク・ハットのアヒルが踊るの

肩にグーをしたまま, 肩をあげ下げしながら右へステップクローズ2回（1,2,3,4）, 右足でケンケン4回（5,6, 7,8）, 左も同様に〔8×2〕

⑬♪みんな笑顔ではちきれそう だって今日は
　　おばさんのBIRTHDAY

1人がリズムに合わせて手をたたきもう1人は手のひらをキラキラさせながらその周りを回る, 交代して行う〔8×2〕

⑭♪後奏

2人が向かい合って両手をつなぎ, なべなべ底ぬけを2回転して（1～8）（1～8）, 最後に猫のポーズ（1～8）〔8×3〕

3 ジャングルポケット

　軽快なジャングルポケットの曲（作詞：長谷川勝士 作曲：福田和禾子)に乗って全身でしっかりリズムをとりながら，弾むように踊ろう。リズムに乗ることで，気持ちもワクワクしてくることを感じよう。ポケットから出てくる動物をイメージしながら，生き生きと踊ろう。

①♪ジャングルポッケ（3回繰り返す）

左右交互に向きながらかいぐり（1,2,3,4)。それを2回行う〔8×1〕

②♪ぼくのポケットはジャングルだ　いろんなどうぶつすんでいる

正面の状態からひねる動きを右（1,2,3,4)・左（5,6,7,8）と行う。それを2回行う〔8×2〕

③♪ポケットのなかにすんでいる

小さくかがんでから，大の字に開いてポーズ

④♪ジャングルポッケ（3回繰り返す）

①と同じ

⑤♪一ぴきめ　とり出した

ポケットから何か取り出す感じでポーズを決める

⑥♪ガーオ　ガーオ

右・左にガーオと動き（1,2,3,4)，手をキラキラさせながら下ろしていく（5,6,7,8)〔8×1〕

⑦♪ライオンがきばをむく

小さくかがんで大の字に開いてポーズ

⑧♪ジャングルポッケ（3回繰り返す）

①と同じ

⑨♪二ひきめ　とり出した

⑤と同じ

⑩♪キョロロンロン　キョロロンロン

右（1,2)・左（3,4）とのぞき，その後くねくねと伸びていく（5,6,7,8)〔8×1〕

⑪♪キリンさんがくびのばす

真っすぐに伸びてから，右・左と曲げる

⑫♪ジャングルポッケ
（3回繰り返す）

①と同じ

⑬♪三びきめとり出した

⑤と同じ

⑭♪ブルルンルン
　　ブルルンルン

右（1，2）・左（3，4）と身体をブル
ブルふって、手をキラキラさせながら
下ろしていく（5，6，7，8）〔8×1〕

⑮♪かばさんがおおあくび

⑦と同じ

⑯♪ジャングルポッケ
（3回繰り返す）

①と同じ

⑰♪四ひきめとり出した

⑤と同じ

⑱♪ボンボコボン
　　ボンボコボン

右（1，2）・左（3，4）と胸をたたき，
手をキラキラさせながら下ろす
（5，6，7，8）〔8×1〕

⑲♪ゴリラがとび出した

⑦と同じ

⑳♪びっくりぎょうてんおおさわぎ
　　うちじゅうまちじゅうおおさわぎ
　　（2回繰り返す）

右（1，2）・左（3，4）と腰の横で小さ
く手をふり，右方向にははねる（5，6，
7，8）。同じ様に，左方向にもはねる。
これを2回行う〔8×4〕

㉑♪ジャングルポッケ
（6回繰り返す）

①と同じ。
最後は好きなポーズで決める
〔8×2〕

4　とんとんとんとん　こんなポーズ

　手は身体の一部である。さよならをする時，大丈夫？と背中をさする時，応援する拍手の時等，手は大変重要な役割をもっている。その意味で手遊びは身体表現である。乳児も幼児も大好きな手遊び「ひげじいさん」の原曲の「とんとんとんとん」と繰り返されるリズムのシンプルな楽しさと，その後にポーズをする部分の楽しさを取り入れて，「とんとんとんとん　こんなポーズ」という遊びに変化させた。

（1）保育者対子どものバージョン

　保育者のまねを子どもたちがするバージョンである。座位でもよいが全員立位の方が遊びの広がりがある。歌詞は「とんとんとんとん」の部分では，全員で両手のこぶしを胸の前で交互に上下に重ねてとんとんとんとんと軽く打ち合う。次に保育者は「こんなポーズ」と言いながら全身で楽しいポーズを見せる。子どもたちはそれを見て「こんなポーズ」と言いながらまねをする。それを5回繰り返す。最後の「キラキラキラキラ」のところは頭の上から両手の手のひらをゆらしながら下ろす。最後に全員で「みんなポーズ」と言いながら好きなポーズをして終わる。歌詞は下記の通りである。ポーズの例は図5-1に示した。

> とんとんとんとん　こんなポーズ　ハイ（子どもたちがポーズをまねする）
> とんとんとんとん　こんなポーズ　ハイ（子どもたちがポーズをまねする）
> とんとんとんとん　こんなポーズ　ハイ（子どもたちがポーズをまねする）
> とんとんとんとん　こんなポーズ　ハイ（子どもたちがポーズをまねする）
> とんとんとんとん　こんなポーズ　ハイ（子どもたちがポーズをまねする）
> キラキラキラキラ　みんなポーズ　ハイ（みんなが好きなポーズをする）

こぶしを胸の前　　　　　後頭部と斜め上　　　　両手を上に

図5-1　ポーズの例

　年長児であれば、「先生の代わりにポーズマンしたい人」と声を掛ければ、みんなの前に出て自分のポーズを見せたい子どもが出ると思われる。ポーズマンになった子どものポーズには、自分なりに工夫しているところを保育者は認める言葉掛けをする。また、それをまねしている子どもたちのポーズには「そっくり！」「にてる！」等の言葉掛けをする。ポーズが難しいと思われる場合には、ポーズの数を1〜2に減らして、最後の「みんなポーズ」にとぶこともできる。

（2）子ども対子どものバージョン

　子どもが2人組や3人組になって、じゃんけんでポーズマンを決めて上述の（1）の遊びをする。ポーズマンは交代して行う。ポーズの例は図5-2に示した。タイミングを見て、保育者は組になる人を変わるように声を掛け、いろいろな友だちのポーズを十分に楽しめるように配慮する。

ポーズマン　　　友だち

図5-2　ポーズの例

（3）タオルや短なわを持ってするバージョン

　タオルの両端を持って、「とんとんとんとん」と歌いながら、タオルの真ん中部分をお腹に軽く4回リズムよく当てる。または原曲の手遊びと同じようにタオルをにぎったままこぶしを上下交互にたたき合う。「こんなポーズ」のところは、タオルを引っ張ったり、回したりして、いろいろなポーズにする。全身を傾けたり、後ろを向いたりすると動きが大きくなり表現の幅が広がる。保育者対子どもでも、子ども対子どもでも楽しめる。タオルで行うと柔らかいポーズができるが、短なわを使うことでもポーズの変化を楽しめる（図5-3）。

持ちあげる　　　　　　片手で持つ　　　　　　前に出す

図5-3　短なわを使ったポーズの例

（4）「とんとんとんとん」の別の音はないかなと聞くバージョン

　「とんとんとんとん」の部分を，別の音はないかと子どもたちに聞き，出てきたアイデアを取り上げて（1）（2）（3）の遊びをする。図5-4に「クリクリクリクリ（かいぐり）」「ツンツンツンツン（指先でつっつく）」「ペンペンペンペン（手でおでこをたたく）」の動きを示した。

クリクリクリクリ　　　ツンツンツンツン　　　ペンペンペンペン
の動き　　　　　　　　の動き　　　　　　　　の動き

図5-4　別の音でのポーズの例

💠**演習課題**

課題1：子どもの頃に好きだった歌をみんなで歌いながら，身体でリズムを取ってみよう。どのような感じがするか感想を言い合おう。

課題2：わらべ歌のリズムと現在流行っている子どもの歌のリズムに違いがあるかどうか，話し合ってみよう。

課題3：心地よいリズムの子どもの歌を見つけて，振り付けをして踊ってみよう。振り付けで工夫したことを話し合おう。

コラム　いろいろなダンスの基本ステップ

1　フォークダンスの基本ステップ

リズムに合わせてステップを踏み，全身を使って踊る楽しさは，人間の本能的な喜びである。日本の踊りは，手の表情が踊りの重要な要素になるが，外国のフォークダンスは多くの場合，手をつなぎ，腕を組んだ形で踊るため，足の動きが重要な要素となる。

表5-1　フォークダンスの基本ステップ

	名　称	動　き
移動動作	ステップ	一歩移動して体重をかける
	ウオーク	リズムに合わせて歩く
	ランニング	リズムに合わせて走る
	スキップ	片足でステップし，同じ足でホップする
	クローズ	足を閉じること
	ギャロップ（馬の走りかた）	（前移動の場合）左足を前にステップして小さくジャンプ，ほぼ同時に身体を前に進ませながら右足を左足の踵あたりにステップ（左右逆でも可）
	ツーステップ	片足をステップし，他の足をクローズし再び始めの足をステップする
	ワルツステップ	3拍子で，ステップ・ステップ・クローズ
移動しない動作	トーポイント	つま先を床につける
	ヒールポイント	踵を床につける
	スタンプ	足の裏で床を強く打つ
	ホップ	体重をかけた片足でステップし，軽くとび，その足で着地する

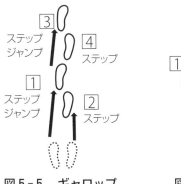

図5-5　ギャロップ

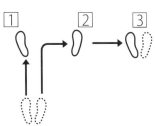

図5-6　ワルツステップ

図5-7　ヒールポイント

2　ヒップホップ系リズムダンスの基本ステップ

　ヒップホップ系リズムダンスは1970年代アメリカで始まり，現在まで多様なスタイルを生み出し，若者を中心に楽しまれているダンスである。このダンスには特徴的なカウントの取り方がある。保育の現場では子どもたちがそのリズムを自然に身体ごと受け入れて楽しんでいる姿もみられる。カウントの取り方の特徴やよく知られている定番の基本ステップを紹介する。

（1）「8カウント」と「ダウンとアップ」について

　ヒップホップダンスでは8拍（ワンエイト）で区切って，そのリズムを倍の細かさでカウントする16ビートのリズムであることが特徴である。1〜8までの数字（オンカウント）の間に「&（エンカウント：エンとはandのこと）」を入れて「ワン&ツー&スリー&……」とカウントし，オンカウントよりエンカウントを強調するアフタービートのリズムのノリがある。

　オンカウントで膝を曲げて重心を落とし腕をあげながら上半身を後方へ引く「ダウン」と，オンカウントで膝を伸ばして重心を上にあげ胸を前方に突き出す「アップ」が重要なリズムの取り方であり，このリズムの取り方を振りの中に自然に入れることで16ビートをさらに楽しく踊れるようになる。

（2）「ランニングマン（ダウン）」のステップ

① &	② ワン（ダウン）スリー（ダウン）	③ &	④ ツー（ダウン）フォー（ダウン）	⑤ &
右足をあげて左足の膝は伸ばす	あげた右足を前に踏みこみダウン。同時に左足を後ろへ滑らせる	右足を元の位置に引き戻しながら左足をあげ右足の膝は伸ばす	あげた左足を前に踏みこみダウン。同時に右足を後ろへ滑らせる	左足を元の位置に引き戻しながら右足をあげ左足の膝は伸ばす

図5-8　ランニングマンのステップ

第 **6** 章　模倣を楽しむ

　保育者（幼稚園教諭・保育士・保育教諭をいう）や友だちの動きをまねし
たり，自分がまねされるという模倣をともなった遊びは，自他の気持ちに
気付き，共感したり，お互いの違いを認め合うきっかけになる。思い浮か
んだ動物や乗り物，人々等を表現する楽しさは，人と人とのつながりの心
地よさを感じる大切な遊びである。自分の心から湧き出る模倣表現をさら
に楽しむために必要なことを理解する。保育者の表現を模倣することを
きっかけに，子ども同士で楽しめるような遊びを紹介する。

これみて，涙だよ！

1　にんじん しいたけ ごぼう

　子どもたちに身近なにんじん，しいたけ，ごぼうを題材としてイメージした
身体の動きやポーズを楽しむ遊びである。また，遊びの特性としてもまねっこ
遊びから当てっこ遊び，おに遊びへと広げていくことができる模倣遊びである。

　保育者の決めた動きやポーズを子どもたちがまねをして遊ぶことは遊びの
きっかけになる。しかし，年齢に応じて，子どもたちと話しながら決めていく
と，一層楽しい。

参考図書：ケロポンズ『うたってあそぼう！！ケロポンズ』ひかりのくに，2002.

（1）手遊び（座位・立位）

1）まねっこ遊び

　手で動作をしながら「にんじん　しいたけ　ごぼう　にんじん　しいたけ　ごぼう　にんじん　しいたけ　ごぼう　○○○○！」とみんな一緒に歌う。最後の「○○○○！」は保育者が3つのうちの自分の思うものを言い，その手の形（写真6-1）をする。子どもたちは保育者の最後の部分「○○○○！」を復唱し動作もまねる。

■にんじん　　　　　■しいたけ　　　　　■ごぼう

 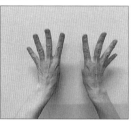 

写真6-1　手の形の例

①にんじん（一緒に）　　②しいたけ（一緒に）　　③ごぼう（一緒に）

④ ①②③を3回繰り返し

⑤保育者：「にんじん」，子ども：保育者の後に「にんじん」と言いながら保育者の手の形をまねる

2）当てっこ遊び

まねっこ遊びと同様に保育者は手で動作をしながら歌い，最後の「○○○
○！」で3つのうちの自分の思うものを言い，その手の形をする。保育者が言
うのと同時に子どもたちも3つのうちの自分の思うものを言いその形をつく
る。保育者と同じなら「イエ～イ」とハイタッチし，違う時は「残念」となる。
　当てっこ遊びの場合，当たる確率は低くなる。すなわち保育者と異なる動作
をした時に「イエ～イ」とハイタッチするというルールにすれば喜べる確率が
高くなる。どちらのルールがよいかは子どもと相談して決めよう。

（2）身体当てっこ遊び（立位）

　にんじん，しいたけ，ごぼうを写真6-2に示したように身体で表現する。
手遊びと同様にまねっこ遊び，当てっこ遊びが楽しめる。

■にんじん　　　　■しいたけ　　　　■ごぼう

写真6-2　身体の形の例

（3）おに遊び

　おに遊びは，にんじん，しいたけ，ごぼうのそれぞれの動作をしたまま走っ
て逃げたり追い掛けたりする。動作をしたまま走るという行動それ自体が本人
にも見ている人にも楽しさを感じさせる。
①　おにと子どもたちが一重円で向かい合って「にんじん しいたけ ごぼう
　　にんじん しいたけ ごぼう　にんじん しいたけ ごぼう　○○○○！」と
　　全身で動作をしながら歌い，最後の○○○○！で，おにも子どもたちも同
　　時に3つのうちの自分の思う動作をする。
②　おには同じ動作をしている人をその動作を保ったまま追い掛ける。逃げ
　　る人もその動作のまま逃げる。おにと違う動作を選んだ人は逃げる必要は
　　なく，動かずその動作のままで待つ。おにに捕まった人が次のおにになる。
③　最初の一重円に戻り，おにを交代し，再び遊びを始める。人数が多い時
　　は，おにを1人ではなく複数にするのもよい。

図6-1　おに遊び

② うごきのしりとり

　5歳頃になると，友だち同士で言葉のしりとりをして遊ぶ姿もみられるようになる。ここでは，言葉のしりとりではなく，動きでしりとりをしていく遊びを紹介する。動きのしりとりは，言葉をつないでいくしりとりとは違い，動きながら思い浮かんだイメージを，連想ゲームのように次のイメージ及び表現につなげていくことを楽しむ遊びである。

　まず，保育者が何か動くもの（動物等）と，その動くものから思い浮かぶ動きのイメージを提案する（例えば，ウサギ。ウサギはぴょんぴょんとぶ）。その動きのイメージを，それぞれの方法で表現して楽しむ。さらにその動きのイメージから連想される他の動くもの（例えば，ぴょんぴょんとぶはバッタ）と，思い浮かぶ動きのイメージを提案し，それを表現して楽しむ。さらにそこからイメージされるものを提案してつないでいく。提案が出なくなったらおしまいで，また新たに，動くものとその動きのイメージを提案してスタートさせる。

　ここでは一つの例として，保育者がナビゲートして進める方法を提示している。この例では，主に保育者が動くものと動きのイメージを提案して進めている。初めの段階では，このように保育者がリードして，どのように遊びを展開するのか一通り経験するとよい。慣れてきたら，子どもたちにどんな動くものがあるか，どんな動きのイメージがあるか問い掛けながら進めることができる。すると子どもたちから，様々な返答があるだろう。その返答を丁寧に取り上げ，一つ一つ表現して楽しむ。保育者と子どもと応答をしながら，遊びの展開をつくっていくこともできる。

　また，子どもたち同士で楽しむ場合は，2人1組等にして，じゃんけんをす

る。勝った方が，先に動くものを提案する。2人で話し合って，そこから思い
浮かぶ動きのイメージを決めて，一緒に表現してみる。次に負けた方が，先に
出た動きのイメージから思い浮かぶ動くものを提案する。2人で話し合って，
思い浮かぶ動きのイメージを決めて，一緒に表現して楽しむ。提案が出なく
なったらおしまいで，他のペアとメンバーチェンジを行う。また，他のペアが
どのような表現を楽しんでいるのか，見合う機会を設けると，友だちがどのよ
うな表現をしているのか気付くきっかけになる。

①保育者：今日は動きのしりとりをするよ。動いていて，
　　　　　思い浮かんだものをつないでいくよ。
　　　　　初め，ウサギさんになってみようか。
　　　　　ウサギさんはどんな動きをするかな。
　　　　　あ，いいね。ぴょんぴょんとんでみよう

ウサギをイメージして，ぴょんぴょんとび跳ねることを
楽しむ

②保育者：ぴょんぴょんとび跳ねるのは何がいる？
　　　　　あ，バッタさん。バッタさんもぴょんぴょん
　　　　　とぶよね。今度はバッタさんでとんでみよ
　　　　　う。ふうー，バッタさんは，お腹がすいて草
　　　　　をムシャムシャ食べます。ムシャムシャ

バッタになってとんだ後，草を食べる表現を楽しむ

③保育者：草をムシャムシャ食べるといえば……
　　　　　他に何がいる？あ，ウシさんね。
　　　　　ウシさんになって，草を食べてみようか。
　　　　　ムシャムシャ。あー，お腹いっぱいに
　　　　　なって眠くなっちゃった

四つん這いで，草を食べる表現を楽しんだ後に，ごろ
んと寝転んでみる

④保育者：ごろんと転がるのは……何だろう。
　　　　　あ，丸太だ！みんな丸太になって，
　　　　　転がってみよう。ゴロゴロ……

丸太になって床の上を，いろいろな方向で転がってみ
る。ぶつからないように注意をする

⑤保育者：ゴロゴロといえば……カミナリ！
　　　　　ゴロゴロゴロ……ピカッ!

⑥保育者：あー疲れた。もう一回ごろんとしよう

カミナリになって走る。ピカッの時に，ジャンプして光った様子を表現する

たくさん動いたので，床の上で寝転んでリラックスをする

3 ネームシグナルダンス

　「ネームシグナル」とは，自分の好きなものや得意なことが友だちに伝わるような身体の動きやポーズを指す。自分のネームシグナルを友だちに披露したり，友だちのネームシグナルを模倣したりして楽しむ。またリズムに乗って次々と連続して動くことでダンスのような楽しさが味わえる。自分のシグナルを友だちがまねてくれるうれしさや，友だちがどんな動きをするのかというわくわく感が感じられる。自分の名前や友だちの名前・好きなものに関心をいだき愛着を感じながら楽しみたい。初めは4人程の少人数のグループで遊び，楽しみ方がわかってきたら段階的に人数を増やすとさらに盛り上がる。

①　子ども4人と保育者が1グループの輪になって，1人ずつ自分の名前を発声する。

②　自分のネームシグナルを考える。ウサギや飛行機等，子ども自身が好きなモノやコトを，動きやポーズにして表すよう声を掛ける。

③ ネームシグナルを友だちに披露する。グループで輪になって，例えば「なつきはウサギが好きです」と自己紹介した後，自分のネームシグナルを披露する。

（名　前）　なつき　　　　　　ひろと　　　　　　みゆ　　　　　　　かずあき
（ネーム　ウサギの動き　　　野球のポーズ　　　アイスを食べる　飛行機の動き
シグナル）　　　　　　　　　　　　　　　　　　　しぐさ

④ 4人が順番に連続して動く：自分の名前を言いながらネームシグナルを表す。

なつき　→　ひろと　→　みゆ　→かずあき

⑤ 4拍子のリズムに乗って，名前を発声する。
　例：子どもの名前が，なつき・ひろと・みゆ・かずあき の場合

なつ　き　👏👏　　ひろ　と　👏👏　　み　ゆ　👏👏　　かずあき　👏👏

♩ ♩ ♩ ♩ ｜ ♩ ♩ ♩ ♩ ｜ ♩ ♩ ♩ ♩ ｜ ♩ ♩ ♩ ♩

⑥ 前出⑤の4拍子のリズムで，順番にネームシグナルをしながら名前を言い，手拍子をする。友だちの順番の時は，シグナルをよく見ておき，手拍子を入れる。スピードを自由に変えることで楽しさが広がる。

⑦ 全員で名前を唱えながら，自分のシグナルだけでなく友だちのシグナルもまねして4人全員順番に行う。

⑧ 1グループの人数を増やして楽しむ。ネームシグナルが増えるので難易度は高くなるが，ひと続きのダンスのようになって楽しい。

4 どうぶつバスケット

「フルーツバスケット」という遊びがある。これは，みかん・りんご・ぶどう・もも・すいか・バナナ等の果物の絵カードを子どもの人数分作成し，それらを首に掛けた子どもが一重円になり円の中心を向いて椅子に座る。まず，保育者が円の中心に立って，カードの果物のどれかをコールする。コールされた果物のカードを首に掛けた子どもは，立ち上がって別の子どもが立ち上がって空いている椅子に移動することがルールである。保育者も空いている椅子をめがけてすばやく座るので，椅子に座れない子どもが1人出ることになる。その座れなかった子どもは，次は円の中心に立って，カードの果物のどれかをコールする役になる。この競争の遊びの中では，すばやく移動するワクワク感があるが，一方では椅子に座れないと悲しくなる子どもが出てくることがある。

この遊びには競争の要素があり，それが楽しいのであるが，それを悔しいと思う子どもも出てくる。そこで，この競争の遊びに，身体表現の楽しさの要素である「模倣」を取り入れたのが，「どうぶつバスケット」である。子どもは動物の動きや形をまねすることが好きである。移動する時は動物のまねをしながら移動するということをルールに付け加えるだけで，競争することと模倣することの両方を楽しむことをねらいとする。

「フルーツバスケット」で，子どもが首に掛けるカードを動物のカードに変える。ゾウ・ウサギ・クマ・キツネ・カメ・ヘビ・タヌキ等，子どもたちがよく知っており，模倣しやすい動物を選ぶ方がよいであろう。園で飼っている動物がいればその愛称をカードに書いても楽しい雰囲気になる。

動物のカードの代わりに，動物のお面を子どもたちと一緒につくるということからでもこの遊びをわくわくした気持ちで始めることができる。動物のお面を使用した遊びの様子は写真6-3に示した。同じお面をする子どもが少なくとも2人以上いるように，動物の種類を考える。例えば6人で行う場合，動物は3種類にする。キツネのお面の例を写真6-4に示した。

各自，自分が付けたお面の動物の名前を呼ばれたら，その動物の動きをまねしながら空いている椅子に移動することがルールである。

保育者は，最初に動物の名前をコールする役割をする。その遊びが初めての時は，練習をしてからするようにしよう。また，移動する時には友だちとぶつからないように気を付けることを約束ごととする。

なお，「動物園」とコールされた時は，全員が立ち上がって移動するというルールを加えると，楽しさが増す。

写真 6 - 3　どうぶつバスケット

写真 6 - 4　キツネのお面の例

演習課題

課題1：身体を使って，いろいろなにんじん・しいたけ・ごぼうの形を考えてみよう。

課題2：小さい頃を思い出して，どのようなふり遊びやごっこ遊びをしていたのか，何に変身することが楽しかったのか話し合ってみよう。

課題3：どんな動きで自分自身を表現したいか，自分のネームシグナルをできる限りたくさん考えてみよう。好きなモノ（花や車等），食べもの，動物，スポーツ，遊び，絵本等，いろいろなテーマで動きやポーズを表現しよう。

参考図書
石津ちひろ 文，荒井良二 絵　『しりとりあそびえほん』のら書店，2002.

コラム　子どもと模倣

1　模倣は学びの第一歩

模倣は生後早くからその能力があり，表現には欠かせない一側面である。もっとも，「子どもから引き出す」という言葉に心を奪われ過ぎた解釈で，模倣がよくないことと受け取られた時代もあった。しかし，なりきることの表現・心・技術は模倣することの延長線上にあると考える研究者も多い。ヴィゴツキーは「子どもにおける模倣の本質的な特色は，子どもが自分自身の可能性の限界をはるかにこえた（中略），一連の行為を模倣しうる点にあります」[1]と述べて，模倣に対するそれまでの否定的な考えを問い直している。

2　形をまねることは心までまねること

心理学者のユングがアフリカを旅行した時，多くの種族と出会った。種族が違えば言葉も違う。しかし，案内人のおかげでどの種族とも対話が可能になったという。『ユング自伝2』の「旅」の項で，「私の連れた黒人たちは性質を見定める能力が秀れていた。彼らがこのような秀れた洞察をえる方法の一つに，模倣の才能がある。彼ら黒人たちは，相手となる人の表現の仕方とか，身振りとか，歩き方などを驚くほど正確に真似ることができて，意図したり目的とするもののすべてを肌に感じてしまうらしい。私は彼らが他人の情緒を理解するのも驚きであった」[2]という。これは，動きの模倣は他人を理解する入り口にもなり得ることを示唆している。

3　模倣は表現を楽しむための一つの手段

盆踊りの楽しさの一つは，歴史というフィルターを潜り抜けて受け継がれた「動きの形」を習い共有できることにある。そこには「動きの形」に姿を変えた人々の思いが込められていて，伝統的な動きを模倣することがあってこその楽しさといえよう。フォークダンスも同じである。同じ動きをすることで，そこにいるみんなが一つに心を合わせていることが確認でき感動する。

4　憧れを模倣することは学習への動機付け

まねてみることは無理のない学習への動機付けとなる。憧れが模倣を呼び起こし，繰り返している間に自分らしい表現となっていく。それは無意識で取り込まれることも多い。

＊1　ヴィゴツキー, L.　土井捷三・神谷栄司訳『「発達の最近接領域」の理論』三学出版，2003，p.18.
＊2　ユング, C.G.，ヤッフェ, A.編，河合隼雄，他訳『ユング自伝2－思い出・夢・思想－』みすず書房，1973，p.85.

第**7**章　伝承遊びを楽しむ

　伝承遊びは地域や時代によって変化しつつ日本の風土の中で遊び継がれてきた遊びである。人の心をつかむ何かがあるがゆえに長きにわたり受け入れられ愛されてきたのだろう。また何世代も経て遊び継がれてきたということは，遊びを通して触れる日本文化が受け継がれてきたということでもある。この伝承遊びをそのまま受け継ぐだけでなく，表現の仕方を変えたり，替え歌等，さらに楽しさを味わえるような工夫や変化を加えたりすることで，伝承遊びの新たな楽しさを味わうことができる。

わくわく夏祭りの盆踊り

1　リアルちゃつぼ

　伝承遊びの中の手遊びには，1人で遊ぶ手遊びもあれば，2人で遊ぶ手遊びもある。左右を意識したり，速さを変えたりすることで1人でも十分に楽しめるが，2人で向かい合って行うことでリズムや楽しさを共有できて，さらに楽しさが増える。

　本節の「ちゃつぼ」は，本来は1人で遊ぶ手遊びであるが，子どもたちが双方向のやり取りを楽しんだり，難しいことにチャレンジしたりできるようにアレンジしたものが「リアルちゃつぼ」である。

　「ちゃつぼ」の手遊びはもちろんそれだけでも十分面白さがあるが，自分で考え表現するということを取り入れるとより面白さが増す。そのことから，実際に「ちゃつぼ」のフタを作成し，身体全体を使って「ちゃつぼ」の遊びを楽しんでいく。

　紙皿の底に，画用紙でつくった取っ手を両面テープで貼る（写真7-1）。紙皿に色を塗ったり絵を描いたりするのもよい。準備するものは，紙皿・ペン・画用紙・のりである。

> **きほんの歌**
> ちゃ　ちゃつぼ　ちゃつぼ　ちゃつぼにゃ
> フタがない　そこをとってフタにしよう

写真7-1　「ちゃつぼ」のフタ

（1）1人でリアルちゃつぼ

　つくった「ちゃつぼ」のフタを頭の上へ乗せてからスタートする。自分の顔を「ちゃつぼ」に見立てて遊んでみよう。

①♪ちゃ

フタを頭の上へ。
反対の手はアゴの下へ

②♪ちゃつぼ

フタを持っていない方の手を頭の上へ。フタをアゴの下へ。これを3回繰り返す

③♪ちゃつぼ　ちゃつぼにゃフタがない　そこをとって　フタにしよう

②の動きを繰り返す。
最後に頭の上にちゃつぼのフタが乗れば大成功!

（2）2人でリアルちゃつぼ

1）遊び方①

　2人で向かい合って行う。立ったままでも座ってでも楽しむことができる。向かい合うことで，お互いの動きに惑わされたりしておかしみが増す。慣れて

きたら，速くしたり遅くしたり，または人数を増やして遊ぶと，より遊びが深まる（写真7-2）。

写真7-2　向かい合った遊び方（座位）

2）遊び方②

2人で向かい合って，相手の頭と自分の頭の上にフタを被せて遊ぶ。お互いの動きの速さが一致しないと，フタがぶつかるため，初めはゆっくり歌いながらやってみよう。

①♪ちゃ

フタを相手の頭の上へ

②♪ちゃつぼ

フタを自分の頭の上へ。
もう1回繰り返す

③♪ちゃつぼ　ちゃつぼにゃ
フタがない　そこをとって
フタにしよう

①②の動きを繰り返す。
最後に自分の頭の上にちゃつぼの
フタが乗れば大成功！

2 かわいいかくれんぼ

かくれんぼは，誰でも知っている遊びである。ここでおさらいしてみよう。

① おにを決める。

② おにが10数えている間に他の子どもは物かげに隠れる。

③ おにが「もう，いいかい?」というのに対して，子どもは「ま～だだよ」と答えながら隠れる。おには隠れている子どもを見つけたら，「見つけた」と言う。

④　隠れた子どもを全員見つけたらおにが勝ちとなる。最初に見つかった子
　　どもがおにになり遊びを続ける。

　まだ小さい子どもにとっておにと子どもの役割を決めて遊ぶことが難しくて
も，3歳頃になると大人と一緒に「見つからないように隠れる」ことを楽しむ
ようになる。別の大人が，子どもが隠れていることを知りながら「あれ？　どこ
かにいたはずなのに，どこにいるのかな」と言いながら近寄ってみると，
「しー」と口元に指を当て静かに隠れている子どもの様子がみられる。見つか
らないように隠れるということを楽しんでいるのである。徐々にその遊びに慣
れてくると，足を出したり，手を出したりして「ここにいるよ」とアピールを
しはじめる。そのような遊びを通して，隠れる・見つかる／探す・見つけると
いう役割を理解していくのである。

　ここでは「かわいいかくれんぼ」の歌を用いた遊び方・指導案を紹介する。

ねらい　　：「かわいいかくれんぼ」の歌を歌いながら，隠れる表現を楽しむ。

準備物　　：大型積み木・フープ・布（フープに被せてもよい）

環境構成：保育室内で遊ぶ場合は，各自の椅子，ブロック，大型積み木等，保
　　　　　　育室内にある物を使って，子どもたち自身が隠れ場所を考えて作
　　　　　　る。リズム室やホール等で遊ぶ場合は，大型の段ボールやフープ，
　　　　　　大きな布等を置いて，子どもたちが隠れ場所をイメージできるよう
　　　　　　な環境づくりをする。動画や指導案では，大道具を支えるスタンド
　　　　　　を1〜2個並べ，フープを差し込んで立たせ，隠れ場としている。

かわいいかくれんぼ

①保育者：「さあさあ ひよこさん，お散歩行きますよ」

②保育者：♪ひよこがね　おにわで　ぴょこぴょこ　かくれんぼ
　　　　　　どんなに　じょうずに　かくれても　きいろいあんよが見えてるよ
　　　　　　だんだん　だれが　めっかった♪

子ども：思い思いの形のひよこに
　　　　　なって親鳥の保育者の後
　　　　　ろに一列になって歩く。
　　　　　歌が終わる頃にそれぞれ
　　　　　が隠れ場所を見つけて隠
　　　　　れる。

写真7-3　お散歩

③保育者：「あれ，ひよこさんたちどこに行ったのかな？　さっき一緒に歩いていた
　　　　　のに。だれもいない」

子ども：じっと隠れたりしていた
　　　　　が，保育者に見つけても
　　　　　らいたくなって，手足や
　　　　　顔をフープの外に出した
　　　　　りひっこめたりしている。

写真7-4　あんよがみえてるよ

④保育者：「かわいいあんよがみえ
　　　　　てるよ。誰の羽根かな？
　　　　　みーつけた」

子ども：「見つかっちゃったー」

写真7-5　みーつけた

紹介している指導案では，

①　「かわいいかくれんぼ」の歌に合わせて，おやどりとひよこがおさんぽ
　　を楽しむ様子を表現する。

②　かくれんぼの様子やかわいいあんよ（足）を見せている様子を楽しむ。

③　保育者（幼稚園教諭・保育士・保育教諭をいう）が見つけに来るが，子どもは
　　見つからないように隠れる様子，足を見せたり手を見せたりして「ここにい
　　るよ」とアピールすることを楽しむ。

④　保育者に見つけられて「○○ちゃんみーつけた」と言われたら，子ども
　　は「見つかっちゃった」と残念な様子を表現する（写真7-5）。

という遊びができる流れになっている。

「かわいいかくれんぼ」の指導案例

3歳児○名			○月○日　保育室
子どもの姿	隠れたり見つけられることを楽しむ姿が見られる。		
ねらい	保育者と一緒に表現することを楽しむ。		
内　容	かくれんぼの遊びを楽しむ。		

時間	環境構成	予想される子どもの姿	保育者の援助と配慮
10:00	保育者 ●●●● ●●●●● ●●●●●	○保育者の周りに集まる。 ・「かわいいかくれんぼ」の歌を保育者と一緒に歌う。 ○活動に興味をもつ。 ・ひよこが歩いてお散歩する様子を想像する。	・活動に興味がもてるように「かわいいかくれんぼ」の歌を歌う。 ・登場人物がかくれんぼをしている様子に興味がもてるよう動きながら歌う。 ・「ひよこがね　おにわで　ぴょこぴょこ　かくれんぼ」と歌い，ひよこが歩いてお散歩している様子を想像できるように歌う。
10:05	・隠れる場所として，大型積み木やフープを用意しておく。	・身体をかがめたり，頭を隠したりして，隠れる様子を表現する。	・「どんなに　じょうずに　かくれても」と歌い，子どもたちがかくれんぼをしていることを伝え，隠れる表現をすることを促す。 ・「隠れる」表現をしている子どもがいればその様子を他の子どもたちにも伝える。
		・座ったままで足を見せたり，立てて足を大きく見せる等，足を見せる表現を楽しむ。 ○保育者と一緒にひよこのかくれんぼの表現を楽しむ。 ・ひよこになってお散歩する。	・「きいろい　あんよが　みえてるよ」と歌い，黄色い足が見えているように足で表現を楽しめるように伝える。 ・子どもがひよこになったつもりで歩けるように，「さあさあ，ひよこさん，おさんぽいきますよ」と言葉を掛け，保育者もおやどりになって歩く。
	ひよこになって保育者の後について歩く表現。	・ひよこになって保育者（おやどり）の後について歩く表現を楽しむ。	・「ひよこがね　おにわで　ぴょこぴょこ　かくれんぼ」と歌い，ひよこが歩いている様子を想像できるように歌う。
		・身体をかがめたり，頭を隠したりして，隠れる様子を表現することを楽しむ。	・「どんなに　じょうずに　かくれても」と歌い，子どもたちがかくれんぼをしていることを伝え，隠れることを促す。
	隠れる様子を表現する。	・じっとしたり，息をひそめたり見つからないように隠れることを楽しむ。	・「ひよこさんたち，どこにいるのかな」と，「隠れる」表現を楽しめるように言葉を掛ける。

		・保育者に見つからないようにじっとして見つからないで隠れる。	・見つからないようにしようと思えるように，あえて「探したけれどもいないな」と言葉を掛ける。
	　みーつけた	・足を見せたり，見つかった様子を楽しむ。	・「きいろい　あんよが　みえてるよ」と歌い，黄色い足が見えていることを伝えて，足を動かして楽しめるように伝える。
		・名前を呼ばれたら「見つかっちゃった」と残念そうな表現をする。 ・見つかりたくなくて隠れ続ける。	・隠れているひよこを見つけたように表現して「○○ちゃん，みーつけた」と見つけた子どもの名前を呼ぶ。
		○活動を振り返る。	
	・落ち着いて振り返りができるように，座った状態で行う。	・隠れる時の気持ちや自分の隠れ方を思い出す。	・隠れる表現をしていたことや見つからないようにじっと隠れたことなどの子どもの思いを聞く。
		・足が見えている時の見せ方や表現の仕方を思い出す。	・足が見えている時の表現に様々な表現の仕方があったことを知らせる。
		・見つかった時の残念な気持ちや，見つからないようにしたこと等を話し合う。	・見つかった時の表現の仕方や，思いを受け止める。
10:30			・ほかの動物でかくれんぼの遊びを楽しみたいことを伝え，次の活動への期待をもてるようにする。

3　だるまさんの楽しいいちにち

　「だるまさんがころんだ」は多くの子どもたちがよく知っている伝承遊びである。この遊びは，おにが「だるまさんがころんだ」と前を向いて唱えているわずかな間だけ動くことができ，振り向いた瞬間には凍ったように動きを止め，おにに動いたとみなされると捕まりおににつながれる。おにが前を向いて唱えている間にそっと近づき，1人がおににタッチするかつながれている手を切ると捕まっていた人も含めて全員が逃げ，おにが追い掛けるというおに遊びの一つである。

　おには，例えば「だぁーるまさんがこ～ろんだっ！」「（早口で）だるまさんがころんだっ」のように唱える速さやリズムを変えて，振り向いた瞬間にまだ動いている人を見つけられるように振り返るタイミングを変える駆け引きの楽しさ，前を向いて唱えている間に背後で動いている人たちの気配，じりじりと迫ってくる気配を感じる緊張感の楽しさを味わうことができる。

　おに以外の人は，おにの声を集中して聞きながら振り向くタイミングを予測し少しでも前に進み，振り向いた瞬間に止まるということをドキドキしながら繰り返す。どちらにとっても身体の静と動の切り替えとドキドキの緊張感がある楽しい遊びである。

　この「だるまさんがころんだ」に身体表現の要素を加味した遊びが「だるまさんの楽しいいちにち」である。子どもたちの日常生活の中の動作や活動をだるまさんがお題として唱え，それを身体で表現して楽しむことをねらいとする。

日常生活のお題の例

① 　だるまさんが歯磨きした
　　だるまさんが顔を洗った（図7-1）
　　だるまさんがパジャマをぬいだ
　　だるまさんが朝ごはんたべた
　　だるまさんがおふろに入った
　　だるまさんがお布団に入った

② 　だるまさんが体操した
　　だるまさんがサッカーした
　　だるまさんが虫取りをした
　　だるまさんが掃除した

■顔を洗った

図7-1　動作例

発展させたお題の例

お題は1人でするものだけとは限らず，複数人でするお題も楽しい。

■2人でハイタッチ
した

③ だるまさんが2人でハイタッチした（図7-2）

だるまさんが2人でじゃんけんした

だるまさんが3人でぐるぐるまわった

図7-2
2人での動作例

さらに発展させて「おばあさんが○○○○した」「ぞうさんが○○○○した」等「だるまさん」でなくても楽しい遊びになる。

「だるまさんが○○○○した」とおにがみんなにしてもらうお題を唱えると，振り向いた時にみんながそれぞれその動作をする。その動作ができていない人はおにに捕まり，つながれるというところは元の遊びに準じている。

おにが唱えたお題に決められた動きはなく，各自が思う表現をするのでみんなが同じ動きをするわけではない。異なる動作，表現であっても出されたお題に合っていれば捕まらない。各自の表現を楽しむことができる（図7-3）。

これらの例のように，お題はおにが思いつくもの何でもよい。元々，「だるまさんがころんだ」を唱えるのは，1，2，…と10数える代わりの10文字であるが，「だるまさんの楽しいいちにち」では字数ではなく，出されたお題の内容に意味がある。

実際にはお題ができず途中で捕まることはほとんどない。したがって1人がおににタッチしておに遊びが始まるまで，次のお題は何かな？ 次は何をするのかな？ と期待するワクワク感，お題に対しての表現の面白さや楽しさが，この「だるまさんの楽しいいちにち」の楽しさであり，静と動の切り替えの緊張感のある元の「だるまさんがころんだ」と楽しさのポイントが異なる。また，自分が決めたお題をみんながやっていると感じることは，おににとっても楽しい。

図7-3　遊びの様子（お題「だるまさんが体操した」の場面）

4　替え歌遊び

　「かわいいかくれんぼ」で既に取り上げたが，替え歌とは，歌の旋律（メロディー）を変えずに歌詞だけを替える歌のことである。替え歌を歌う場合は，その曲の旋律を覚えている必要がある。つまり，歌詞の記憶だけを新たにすればよいのである。

　歌をともなう伝承遊びの旋律は，子どもをはじめ，多くの人々にとって馴染みのある旋律である。したがって，伝承遊びの旋律を使った替え歌遊びは，元の遊びから変化をさせた遊びであっても，その遊びに順応しやすい傾向がみられる。

（1）「なべなべそこぬけ」の替え歌

　遊び方も歌詞も全て替えた遊び歌である。

『なべなべそこぬけ』の替え歌

わらべうた
替え歌　渕田陽子

元の歌詞	（な	べ	な	べ	そ	こ	ぬ	けー	そ	こ	が	ぬ	けた	ら	か	えり	まし	ょ）
	あ	たま	は	どこ	だ			そ	あ	たま	さ	わって		ジャ	ンプ	して	
	お	へそ	は	どこ	ど			お	へ	そさ	わって		ジャ	ンプ	して		
	ふく	ら	はぎ	は	どこ	だ			ふくら	はぎ	さ	わって		ジャ	ンプ		

「なべなべそこぬけ」の替え歌の遊び方

歌　詞	動　き
①♪あたまはどこだ	手拍子
②♪あたまさわって	頭をさわる
③♪ジャンプして	頭をさわったまま両足ジャンプ
④♪おへそはどこだ	手拍子
⑤♪おへそさわって	おへそをさわる
⑥♪ジャンプして	おへそをさわったまま両足ジャンプ
⑦♪ふくらはぎはどこだ	手拍子
⑧♪ふくらはぎさわって	ふくらはぎをさわる
⑨♪ジャンプして	ふくらはぎをさわったまま両足ジャンプ

（2）「おてらのおしょうさん」の替え歌

元の歌詞の「かぼちゃ」の部分のみを替えた遊び歌である。

『おてらのおしょうさん』の替え歌　わらべうた

「おてらのおしょうさん」の替え歌の遊び方

歌　詞	動　き
①♪おてらのおしょうさんが	手拍子
②♪かぼちゃのたねをまきました	かぼちゃをイメージした動き
③♪めが出て	両手のひらを合わせる
④♪ふくらんで	合わせた両手を少し膨らませる
⑤♪はなが咲いたら	膨らませた両手を開く
⑥♪じゃんけんポン	じゃんけんをする
⑦♪おてらのおしょうさんが	①と同じ
⑧♪ひまわりのたねをまきました	ひまわりの花をイメージした動き
⑨♪③④⑤を繰り返す	
⑩♪おてらのおしょうさんが	①と同じ
⑪♪あさがおのたねをまきました	あさがおの花をイメージした動き
⑫♪③④⑤を繰り返す	

（3）「あがりめさがりめ」の替え歌

『あがりめさがりめ』の替え歌　わらべうた
替え歌　渕田陽子

　「あがりめさがりめ」の替え歌は，元の歌詞を替えていても遊び方は似通っているパターンの替え歌遊びである。目や手，足以外に，体の中で動かせる部分を歌詞の中に入れることができる。例えばおへそ，膝，お尻等を入れると身体全体の大きな動きになり楽しい。

「あがりめさがりめ」の替え歌の遊び方

歌　詞	動　き
①♪あがり口	両手で口の端をひっぱりあげる
②♪さがり口	両手で口の端をひっぱりさげる
③♪くるっとまわして　たこの口	両手でほっぺたをはさみ，口をとがらせる
④♪あがり手	両手を上にあげる
⑤♪さがり手	両手を下にさげる
⑥♪くるっとまわして　かえるの手	両手を大きくまわし，胸の前で，手のひらをパーにする
⑦♪あがり足	片足を天井に向かってあげる
⑧♪さがり足	上げていた足をもとに戻す
⑨♪くるっとまわしてキックの足	もとに戻した足をあげてくるっとまわして最後にキックのまねをする

（4）「おべんとうばこのうた」の替え歌

元の歌詞と遊び方を替えた替え歌遊びである。

『おべんとうばこのうた』の替え歌　　わらべうた　替え歌　渕田陽子

「おべんとうばこのうた」の替え歌の遊び方

歌　詞	動　き
動物園へ行く歌詞	
①♪これくらいのどうぶつえんに	両手で，大きく四角を2回胸の前で描く
②♪みんなでみんなで	人差し指で四方を指す
③♪ちょいと	人差し指を握りこぶしに変える
④♪いこう	握りこぶしを天井に向かってあげる
⑤♪ぼうしをかぶって	帽子を被る動き
⑥♪りゅっくをしょって	リュックを背負う動き

⑦♪にわとりさん	にわとりのまね
⑧♪さるさん	猿のまね
⑨♪しかさん	鹿のまね
⑩♪ごりらさん	ゴリラのまね
⑪♪くびのながーい	首を長くのばす動き
⑫♪きりんさん	キリンのまね
水族館へ行く歌詞	
⑬♪これくらいのすいぞくかんに 　みんなでみんなで 　ちょいといこう 　ぼうしをかぶってりゅっくをしょって	①〜⑥と同じ
⑭♪にしんさん	指で 2 を出す
⑮♪さめさん	指で 3 を出す
⑯♪しまあじさん	指で 4 を出す
⑰♪ごまうつぼさん	指で 5 を出す
⑱♪からだのおおきい	両腕で大きさを示す
⑲♪いるかさん	イルカのまね

　伝承されている歌を用いた替え歌遊びで身体表現活動を主とする場合は，言葉よりも，動き等の身体表現に重きを置いて歌詞を作成することが遊びのポイントを外さないコツである。また，保育者がつくる替え歌を楽しんだ後，子どもたちがその続きの替え歌のアイデアを出して遊んでいけるように，身体表現遊びのための替え歌遊びを発展させていこう。

5 つーながれ

　「つーながれ」と「さよならあんころもち」の遊びは別のわらべうた遊びである。「つーながれ」と歌いながら各自の思い思いの表現を楽しみ、「さよならあんころもち、またきなこ」とつなげて一つの遊びにした。子どもにとっては、手をつないだり、友だちの肩を持って列になったりすること自体が楽しい遊びになる。子どもの経験に応じて、つながり方を変えて、保育者も子どもも一緒に歌いながら遊べると楽しい。動画でも紹介しているように、ヘビ、電車、ジェットコースター、その他身近にあるものになってつながる遊びも楽しもう。

つーながれ

さよならあんころもち

（1）ヘビごっこ

①♪つーながれ　つーながれ
　へびごっこするもの
　つーながれ

保育者が歌い、子どもたちが保育者の後ろにつながる

②保育者：
　「ヘビ遊びするよ」

つながってヘビのように動く

③♪さよなら　あんころもち
　またきなこ　ばいばーい

そのあと「さよならあんころもち」を歌い、スキップで別れる

（2）でんしゃごっこ

① ♪つーながれ　つーながれ
でんしゃごっこするもの
つーながれ

② 保育者：
「でんしゃごっこするよ。
しゅっぱーつ　しゅしゅぽっぽ
しゅしゅぽっぽ　ぽっぽー
がったんごっとん　がったんご
っとん……　しゅうてーん」

③ ♪さよなら　あんころもち　ま
たきなこ　ばいばーい

保育者が歌い，子どもたちが保育者
の後ろにつながる

つながってでんしゃごっこの表現をす
る

そのあと「さよならあんころもち」を
歌い，スキップで別れる

「つーながれ」の指導案例

3歳児○名			○月○日　保育室
子どもの姿	日常生活や遊びの中でわらべうたに親しんでおり，子どもたち同士で歌いながら遊ぶ姿が見られる。		
ねらい	保育者や友だちと一緒に表現することを楽しむ。		
内　容	・「つーながれ」の遊びを身近にあるものの表現を取り入れて遊ぶ。 ・「さよならあんころもち」の遊びを表現に取り入れて遊ぶ。		

時間	環境構成	予想される子どもの姿	保育者の援助と配慮
10:00	**保育者** ●●● ●●●●● ●●●● ●●● ![自分なりのヘビの表現] 自分なりのヘビの表現を楽しむ。	○保育者の周りに集まる。 ・保育者がする「つーながれ」の歌と動きを見て遊びに興味をもつ。 ○「つーながれ」の歌に合わせて，ヘビの表現を楽しむ。 ・保育者の動きを見ながらヘビの表現をまねる。 ○「つーながれ」を歌いながら，ヘビのように長い列になってつながる遊びを楽しむ。 ・前の友だちの肩を持ち，後ろの友だちが肩を持つとつながることに気付く。	・活動に興味がもてるように「つーながれ　つーながれ　ヘビごっこするもの　つーながれ」の歌を歌い，ヘビがくねくねする様子を手で表現する。 ・子どもが自分で考えたヘビの表現をしていることを認め，子どもの動きを保育者も一緒にまねて楽しむ。 ・つながり方がわからない子どもがいたら，参加できるように肩の持ち方を示したり，子どもの列に参加する。

		・2〜3人の友だちとつながることを楽しむ。	・つながろうとしている様子を認める。
		・たくさんの友だちとつながり，長い列でヘビのようにゆっくり歩く。	
			・歩く速さが速くなるようであれば，歌のテンポを遅くして歌う。
		○「つーながれ」の歌に合わせて，でんしゃごっこを楽しむ。	
	つながってでんしゃごっこを表現する。	・自分で考えたでんしゃごっこの表現をする。	・「つーながれ　つーながれ　でんしゃごっこするもの　つーながれ」と歌い保育者がでんしゃごっこの表現をする。
		・でんしゃの表現をしながら友だちと列になって動きを楽しむ。	
		・動きに合わせて子どもたちも「シュシュ」「ポッポー」等言葉で表現することも楽しむ。	・「ガタンゴトン」「ポッポー」等，電車の動きや様子を表すオノマトペを言いながら表現を楽しめるようにする。
		・でんしゃが止まる表現等も楽しむ。	・動きを速くしたり，遅くしたりして動きのテンポの違う表現を楽しめるようにする。
		○「さよならあんころもち　またきなこ」を歌う。	
		・保育者と一緒に歌い，「バイバーイ」「ありがとう」など表現して遊びの余韻を楽しむ。	・「さよならあんころもち　またきなこ　ばいばーい」と歌い，遊びの余韻を楽しむようにする。
		・保育者と一人ずつ手合わせをして，遊びを終える。	・子どもとの手合わせを楽しむ。
		○活動を振り返る。	
		・他につながって遊びたいものを話し合う。	・子どもたちが考えた表現について振り返り認め合う。
10:30		しんかんせん，ジェットコースター等を考え，楽しみにする。	・違う遊びも楽しめるように言葉を掛ける。

（3）ジェットコースター

① ♪つーながれ　つーながれ
　ジェットコースターごっこする
　もの　つーながれ

② 保育者：
「ジェットコースターごっこする
よ。ドゥドゥドゥドゥ　ヒュー
キャー　がったんごっとん
……こわかったね」

③ ♪さよなら　あんころもち　ま
たきなこ　ばいばーい

保育者が歌い，子どもたちが保育者
の後ろにつながる

つながってジェットコースターに乗っ
ている表現をする

そのあと「さよならあんころもち」を
歌い，スキップで別れる

　＊　動画には「大縄とび」の遊びも収録されている。

● 演習課題

課題1：どんなわらべうたがあるか調べてみよう。

課題2：本章で紹介した遊びを実際にやったり，アレンジしたりしよう。

　　　　アレンジ例①「リアルちゃつぼ」→ちゃつぼのダンスにする。

　　　　アレンジ例②「だるまさんの楽しいいちにち」→楽しいお題を考える。

　　　　アレンジ例③「替え歌遊び」→春夏秋冬をそれぞれイメージできる替え歌を4曲つくる。

コラム　　わらべ歌の魅力

愛にあふれている：わらべ歌は子どもを抱っこすると自然に口をついて出てくるように愛情の表現が顕著な遊びの歌である。過去の歴史を引き継ぎ，未来の人へとつながれるわらべ歌は，簡単であるけれど，その魅力は数多い（図7-4）。

誰とでも・どこでも・いつでも・いつまでも遊べる：年齢の違うものが，すぐに一緒に遊べることはわらべ歌の大きな魅力である。道具なしで遊べ，いつでも始められいつでも終われる。

知らず知らずのうちに学ぶ：音域の幅が狭く歌いやすいメロディーなので，歌に心奪われることなく，言葉に集中できる。何度も見聞きしていると，見様見まねでできるようになり，それが学習への大きな動機付けにもなる。繰り返しの活動は表現のタイミングもわかり，簡単なルールを守ることで楽しくなることもわかり，自然と社会性を育てることになる。

心の機微に触れる：かごめかごめ・あぶくたった等の中には，鬼になる時の緊張感や辛さ，花いちもんめでは指名された時の気恥ずかしさ等，微妙な心の動きも同時に体験できる。

新鮮な知識を得る：植物や動物，天気等の自然に興味をもったり，季節を感じたりできる。また，歌詞から歴史を知ることができる。昔の珍しい動き・ユーモラスな表現・とぼけた対話の楽天性等，子どもにとって新鮮な面白さが感じられ，なぜかほっとする安心感もある。

新しいキーワードを付け加えることができる：わらべ歌は日常生活に根差しており，新しい要素を加える隙間が多くあり，現代のキーワードを付け加え，それを皆で共有する遊びとして誇らしさも感じられる。それは，次世代に引き継がれる。

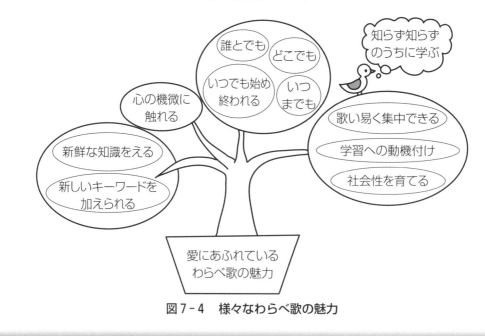

図7-4　様々なわらべ歌の魅力

第8章 多様な文化を楽しむ

異なる文化圏の遊びは，子どもたちに新たな好奇心やときめきをもたらす。とりわけ身体表現遊びにはその文化圏の風土や慣習だけでなく，身体技法の一端が反映されている。多様な文化から創出されたリズムや表現を，五感を働かせて身体で体験することは，未知の世界へのわくわく感や異文化への憧れをかき立てるであろう。多様な文化への第一歩として，日本の文化にも親しめるよう地域の祭りや文化財をぜひ身体表現遊びに取り入れていきたい。

インドの音楽大学での古典舞踊の実技授業

1 英語の歌遊び

実は，日本の子どもが英語に触れることは日常によくある。朝ごはんの時には「cup」「spoon」「fork」，園では「tape」「soup」「ball」「game」等，発音は日本語的であるが，子どもたちはそれを日本語として自然に自分の言葉として覚えていく。英語は英語圏の言葉であるが，英語由来の言葉が日本語にはたくさんあるので親しみやすい。

そのような親しい言葉である英語を使った歌遊びの中でも，楽しい場面で楽しいアレンジをした遊びを3つ紹介する。一つ目は英語の歌のダンス，二つ目

は英語の手遊び曲をアレンジしたお返事遊び，三つ目は，日本語のわらべ歌をアレンジした手遊びである。低年齢の子どもや親子での遊びに適している。

それらの遊びを通じて，別の文化をもつ英語の言葉の面白さが身体表現を通じて身体の中で響き，普段と異なる感覚を味わうことをねらいとする。

（1）ABC歌遊び

「ABCの歌」（「きらきら星」のメロディーで）の歌詞を一部変えて歌いながら，手拍子とシンプルな動きのダンスでABCの歌を楽しむことをねらいとする。

ABC歌遊び

①♪ABCD	②♪EFG	③♪HIJK	④♪LMN
大きな一重円になり，手をつなぐ 4呼間でつないだ手をあげながら円中心に向かって歩く 〈2人1組でも〉	4呼間で手をつないだまま，手を下ろしながら歩いて元の大きさの一重円になる	①と同じ	②と同じ
⑤♪OPQRSTU	⑥♪VWX　Y and Z	⑦♪ABCDなにつくろう？	⑧♪EFGでなにつくろう？
手拍子を打つ O休み→P右上で1回打つ→Q休み→R左上で1回打つ→S休み→TU胸の前で2回打つ	VWX→両手を上に広げる Y and Z→胸の前で3回打つ	①と同じ	②と同じ

（2）おともだち　どこですか

子どもの名前を呼んで子どもが返事をするという英語の遊びである。英語の歌で自分の名前を呼んでもらうことでうれしさと楽しさを味わえる。元となった「Finger Family」という英語の手遊び歌の歌詞は下記の通りである。この歌の「Where are you?」というフレーズや「Here I am」の繰り返しの面白さを生かして「おともだち　どこですか」という歌にアレンジしている。

♪ "Daddy finger daddy finger Where are you?"

" Here I am, Here I am, How do you do?"

おともだち どこですか

①♪〇〇ちゃん　〇〇ちゃん　Where are you? 【8×1】	②　♪you are there you are there　you are there 【8×1】	③「〇〇ちゃん！」	④「はーい」または「Here I am」または「Yes！」
リズムに合わせて手をたたき，歌いながら探す振りをする	友だちが見つけてその子どもの方に手を向け手のひらを上下に8回返す	全員で大きな声で名前を呼ぶ	〇〇ちゃんがその場で手をあげ返事をする

おともだち　どこですか

岡澤　哲子 替え歌
渕田　陽子 採譜

〇　〇　ちゃん　〇　〇　ちゃん　Where　are　you

You　are　there　You　are　there　You　are　there.

（3）　rock and open（むすんでひらいて）

　日本のわらべ歌「むすんでひらいて」を英語で歌いながら，手の動きと英語の言葉の響きを楽しむことをねらいとする。英語の響きを感じやすい単語を使用した。また⑧の「head」を「eyes」等に変えていくこともできる。

rock and open

①♪rock rock rock rock	②♪open open	③♪clap clap clap clap	④♪rock rock rock
両手グーを4回振る	両手パーを2回振る	拍手4回	両手グーを3回振る
⑤♪one more open	⑥♪clap clap clap clap	⑦♪look at me	⑧♪touch your head
両手を広げて	拍手4回	動かず見つめ合う	両手を頭に乗せる

2　盆踊り

＊1　ユネスコ
（国際連合教育科学文化機関, United Nations Educational, Scientific and Cultural Organization U.N.E.S.C.O.）：諸国民の教育，科学，文化の協力と交流を通じて，国際平和と人類の福祉の促進を目的とした国際連合の専門機関（文部科学省）。

2022（令和4）年，ユネスコは＊1日本各地で伝承されてきた盆踊り等，お囃子に合わせて踊る民俗芸能を無形文化遺産に登録することを決定した。日本各地に伝承されてきた歴史・文化的な基盤・社会の機能もある盆踊りではあるが，地方で次第に姿を消しているともいわれる。一方，盆踊りをアレンジした踊りの大会は盛んに行われ，新しい文化として定着しつつもある。子どもの時から一度は目にした盆踊りを，子どもの世界に取り入れて，日本文化の楽しさを感じる時を今一度見直してもいいのではないだろうか。

（1）盆踊りに触れる

盆踊りの盛んな地域では，自然と子どもがそれに関心をもつ。そこでは，① 地域の盆踊りを見る，② 踊りの輪の中に入る，③ 1か所でもできる動きをやってみる，という順序で子どもに体験させると無理がない。

園では，盆踊りを季節の行事として定着させて，その雰囲気や楽しさを体験できるようにしてはどうだろうか。最近は○○音頭としてしっかりと振り付けられたものも数多くある。それらをそのまま踊ることは，もちろん楽しい。しかし，園の夏祭りに訪れた保護者や地域の人がすぐ一緒に踊れる，懐かしい思い出になる振り付けを考えるのもよい。

（2）気楽に踊れる場所をつくる

見様見まねでやってみる好奇心と，踊れるようになるプロセスを楽しめる人間性を育てることは，人々と気楽に交われる態度につながる。図8-1はやぐらを組まなくても，手軽に踊れる盆踊りを考えたものである。園で育てたひまわりを囲んで，どんな格好でも，仮装でも参加して踊れる場所をつくる。保育者（幼稚園教諭・保育士・保育教諭をいう）が踊っていると，子どもがやってきて踊り，次々と踊りの輪が広がっていき，盆踊りの伝承の形が体験できる。以下では，簡単な園での盆踊りを提案する。

図8-1　園の盆踊り

（3）基本の動きを覚える

・チョチョンがチョン

「♪（手拍子）♪（手拍子）♪（が）♩（手拍子）」と手拍子を3回打つ。

4拍子の曲（例えば「どんぐりころころ」）に合わせて小走りし，先生の「それ」の掛け声に続き，止まって"チョチョンがチョン"と手拍子を打つ。

・開いてトン（図8-2）

片足を一歩前に出し両手を横に広げる（2拍）。出した足を戻し手拍子を1回打つ（2拍）。4拍子の曲（例えば「たなばた」）に合わせて"開いてトン"を右足と左足でする。

図8-2　開いてトン

・アリャサ・コリャサ（図8-3）

斜め上に両手をあげて反対側の足でトーポイント（2拍）し，手足を戻す（2拍）。右と左に行う。

例えば童謡「月」を歌いながら，「出た出た月が」「隠れた雲に」の部分だけ，"アリャサ・コリャサ"をする。後は手をつないで，円になり，円周を回る。

図8-3　アリャサ・コリャサ

（4）好きな曲に合わせて盆踊り

盆踊りへの導入

① 絵本を読んで，踊る楽しさへの導入。

　　・すとうあさえ 文・種村有希子 絵『うれしいぼんおどり』ほるぷ出版,
　　　2020.

　　・はやしますみ 作『ねこぼん』偕成社, 2019.

　　・清水延子 文・石黒しろう 絵『月夜の盆踊り』文芸社, 2017.

② 乗りやすいリズミカルな楽しい曲を選ぶ。

③ 振りの数はできるだけ少なくする。

④ 掛け声や手拍子を入れる。

園の盆踊りの踊り方

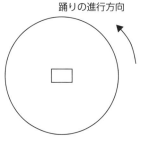

踊りの進行方向

図8-4　踊りの方向

① LOD（反時計回り）を向いて立つ（図8-4）。

② 拍手"チョチョンがチョン"を1回。次にウオーキングステップを4歩行ったら立ち止まって "開いてトン"を1回行う（図8-5）。

③ 4歩で円内を向く（4拍）。ペンギンスタイルで首をかしげてニコっと笑い（2拍）また首を戻す（2拍）（図8-6）。

④ 次に片手のこぶしをあげて,「ヤーッ」と掛け声をあげて（2拍）下ろす（2拍）。ランニングステップで軽く左回りする（8拍）。円周に戻りLODの方向を見る（図8-7）。

以上を①の向きで輪になり,②から④までの振りを1パターンとして繰り返す。4拍子の曲であればたいてい合う。

4歩

図8-5　②の踊り方

図8-6　③の踊り方

図8-7　④の踊り方

3　中国のハンカチ落とし

　中国では「丢手绢」という「ハンカチ落とし」の遊びがあり，中国の伝承遊びの一つである。子どもたちが遊ぶ時に手拍子をしながら，「丢手绢（ハンカチ落とし）」という歌を歌うことで，自然と一体感が生まれる。また，「待つことで集中力を養う」「すばやく反応して走ることで，瞬発力を高める」「動物のまねをすることで表現力を高める」等，子どもの運動能力や身体表現力が高まると考えられている。

① 　ハンカチを落とす子どもを1人決める。他の子どもたちは円になって，内側を向いて座る。座っている子どもたちは手拍子をしながら「ハンカチ落とし」の歌を歌う。ハンカチを落とす子どもは円の外を時計回りに走る（写真8-1）。

写真8-1　時計周りに走る

② 　歌が終わるまでに，ハンカチを落とす子どもは気づかれないように円になって座っている子どもたちの後ろにハンカチを落とし，そのまま1周走る。

③ 　座っている子どもは自分の後ろにハンカチを落とされたと感じたら，手で自分の後ろを探ってみる。ハンカチに気付いたら，それを持って，落とした子どもを追い掛ける（写真8-2）。

④ 　落とした後の1周で落とした子どもが落とされた子どもにタッチされなかった場合，落とした子どもは落とされた子どもが座っていた場所に座る。落とされた子どもは落とす役になって，②～③を繰り返して遊ぶ。

⑤ 　落とした子どもが落とされた子どもにタッチされた場合，落

写真8-2　追い掛ける

とした子どもは円の中央で動物のまねをし，落とされた子どもが座っていた場所に座る。落とされた子どもは落とす役になって，②〜③を繰り返して遊ぶ。

写真8-3　気付かない

⑥　落とした子どもは1周走り，落とされた子どもがハンカチに気付かなかった場合（写真8-3），落とされた子どもは⑤と同じく動物のまねをし，落とす役になる。落とした子どもは落とされた子どもが座っていた場所に座る。②〜③を繰り返して遊ぶ。

　日本のハンカチ落としと異なるのは，タッチされたり，ハンカチに気付かなかったりした子どもは，円の中で動物のまねなどをするという点である。もう一点は，下記の「ハンカチ落とし」の歌を手拍子をしながら歌うことである。日本でも一部の地域で歌を歌うところがあるようである。また，気付かれないようにハンカチを落とす遊び方が一般であるが，ハンカチに鈴等をつけて，気付きやすいようにしたやさしい遊び方もある。にぎやかな歌と手拍子，鈴の音を入れることで，走り方や，追い掛け方が楽しく自然に表現できるであろう。

ハンカチ落とし

中国の伝承遊びの歌
熊谷　彩子　採譜

4　数え歌遊び

　日本の数え歌遊びは，子どもたちがリズムや言葉やメロディーを楽しみながら数量や数字の順番等に触れることのできる遊びである。

　昔から歌い継がれてきた数え歌遊びは，地域や年代によっても歌い方や歌詞の違いがあり，それも数え歌遊びの面白さの一つである。

　また，手で数字を表し遊ぶことが多いが，手遊びだけでなく，身体全体を使った動きを取り入れ遊びを発展するように進めていくと，より遊びのイメージが広がり，さらに楽しむことができる。

（1）　日常の保育で使いやすい数え歌遊び

遊び名	歌詞
いち・に・さんまのしっぽ	いち（1）・に（2）・さんま（3）のしっぽ（4） ごりらの（5）むすこ（6） なっぱ（7）・はっぱ（8）くさった（9）・とうふ（10）
	地域によって違う例 〇いち・に・さんまのしいたけ… 〇いち・に・きゅうりに（9），とうがん（10）
いちわのからす	いちわの（1）からすが カアカア にわの（2）にわとり コケコッコー さんは（3）さかながおよぎだす しは（4）しらがのおじいさん ごは（5）ごほうびいただいて ろくは（6）ろうそくふいてけし しちは（7）かわいいしちごさん はちは（8）はまべのしろうさぎ くは（9）くじらのおおあくび じゅうは（10）じゅうごやおつきさま
いちにのさん	いち（1）に（2）のさん（3） に（2）のし（4）のご（5） さん（3）いち（1）に（2）のし（4）の に（2）のし（4）のご（5）
いちじくにんじん	いちじく（1）にんじん（2） さんしょで（3）しいたけ（4） ごぼうに（5）むきぐり（6） なっぱに（7）やつがしら（8） くわいに（9）とうなす（10）スットントン

※（　　）の中は表している数字を記載

　上記は，一例であり地域や年代によって歌詞やリズムが変化している。「いちわのからす」は，なわとびあそびに，「いちにのさん」は手遊びとして遊ぶことができる。

（2）唱え歌遊び・もの決め歌

遊び名（唱え歌遊び）	歌詞
ゆうびんやさん（大縄遊び） 	ゆうびんやさん　おはいりなさい はがきが10枚落ちました 拾ってあげましょう 1枚・2枚・3枚…10枚 ◎落ちたはがきの枚数を多くしたりして遊ぶとさらに楽しい

遊び名 （ものを決める時に歌う歌）	歌詞
いろはにほへと	いろはにほへと　ちりぬるを わかよたれそ　つねならむ うゐのおくやま　けふこえて あさきゆめみし　ゑひもせす　ん
どれにしようかな 	どれにしようかな 天の神様の言う通り ぷっとこいて　ぷっとこいて ぷぷぷ　柿の種 ＜地域によって異なる例＞ ○どちらにしようかな… ○どれにしようかな 　裏の権兵衛さんに聞いたらよくわかる ○どれにしようかな　天の神様の言う通り　鉄砲撃ってバンバンバン
上か下か真ん中か （ゴム跳び遊び）	上か・下か・真ん中か 例）上！ （上・下・真ん中どこかを選ぶ）

● **演習課題**

課題1：4拍子の曲を選んで，盆踊りの振り付けをしてみよう。

課題2：地域によって数え歌はどのように異なるのか，知っている歌を出し合ってみよう。

コラム① 幼児期の感性の育ち−インドの神像が「獅子舞」？−

1 舞踊鑑賞会のできごと

　子どもはその時々の精いっぱいの力で多様な文化やアートと通じ合う。ある幼稚園でインド舞踊の鑑賞会を開いた時のことである。この鑑賞会は，園の子どもたち，及び保護者や地域の方々を対象とした行事であった。園の先生の紹介の後，舞踊の前奏が流れ，まさに舞踊が始まろうとしたその時，親しみを込めた調子で「獅子舞！」という男児の大きな声が会場内に響いた。舞台上手に設置された神様の像が，その男児には獅子舞に見えたようで，私はその言葉にはっとした。「獅子舞？　インドの舞踊は獅子舞ではないけれど，神事でありその本質はついている！　すばらしい！　でも説明を聞く前に，感性の力で眼前に立ち現れる非日常の文脈を読み取る力が果たして子どもにあるのか，いや子どもだからそれができるのかもしれない」等，一瞬にして様々な思いが筆者の頭を駆け巡った。

2 インド古典舞踊における祈りの形

　丸太を組んだだけの素朴な造形であるその神は「ジャガンナータ神（Lord Jagannath）」と呼ばれる樹木神で（写真 8 - 4 参照），宇宙の主として東インドを中心にインド全土で厚く信仰されている。平和の維持を見守るため，大きく見開いた目が特徴的な神である。獅子舞とは異なった様相ではあるが，その姿を「非日常なるもの」「神性が宿る崇高なもの」と直感的にとらえたその子どもの感性の育ちに，驚かされた。その神は孔雀の羽飾りを冠し，白い絹布と花飾りを首にかけ，うやうやしく花々とお香が捧げられている。インドでは古典舞踊を舞う際，舞台空間を寺院に見立て，上座に神像を配置する。そして舞い手は神迎えの散華を執り行った後に，舞踊を始めるのが古典舞踊の伝統である。その男児は，装飾を施された神像だけではなく，焚きしめられたお香の香り，さらには初めて耳にする音楽の調べ等，あらゆる非言語情報から，確かに何かを感じ取ってくれたのであろう。その感性の育ち，異質な文化を受容する力に大きな頼もしさを感じた。この鑑賞会冒頭の出来事を受け，あらためて舞踊の担い手である筆者（写真 8 - 5 参照）の気持ちが引き締まったことを覚えている。

3 感性の育ち

　異なる文化圏の祈りの対象を見て，それが崇高な存在であると察する直観力は，幼少期に様々な文化やアートに接する機会によって育まれるのではないだろうか。社会のグローバル化，ボーダレス化が語られるようになって久しいが，このような感性は青年になってから知識として学べばよいものではなく，子ども時代に日々の体験を通して身に付けていくことが望ましい。異質な文化に出合って，驚いたり，共感したり，疑問を抱いたりしながら，子どもたちの内的世界は無限に広がり，心を震わせる様々な経験が蓄積され，いつか驚くような形でアウトプットされるのかもしれない。言語情報や知識を超えた感性で感じ取る力というものは，子ども時代にこそ豊かに育まれるのであり，この限定的な時期に何を観るか，何に触れるか，何

を経験できるかが子どもたちのその後の生き方に大きく作用することはよく言われることである。『センス・オブ・ワンダー』の著者 カーソン（Carson, R.）は次のように述べている。「子どもたちがであう事実のひとつひとつが，やがて知識や知恵を生み出す種子，さまざまな情緒やゆたかな感受性は，この種子をはぐくむ肥沃な土壌です。幼い子ども時代は，この土壌を耕すときです」*。

4　文化体験への願い

　さて鑑賞会の事例に戻る。舞踊の鑑賞中にも，想像を超える楽しい出来事があった。舞踊の作中人物（筆者）がお菓子に見立てた両手を差し出すと，子どもたちは本当のお菓子を受け取ったかのようにおいしそうに食べるしぐさを見せ，また友だちを探す作中場面では子どもたちも一緒に探し，お話の世界に自由に出入りして楽しむ姿があった。舞踊鑑賞後は，インドの文化を実際に体験した。インドの手織り布に触れその感触や風合いを味わったり，それを好きなように体に巻き付け友だちと見せ合ったり，「ビンディ」とよばれる赤い印を額につけたり，舞踊の中で見たインド手話（ハスの花やクジャク等）をまねてみたり等，未知なるものに出合った喜びを友だちや大人と分かち合っていた。異なる文化に触れて味わった感動は，見える成果として子どもたちに即時的な変化をもたらすものではないが，彼らの心身の奥深くにしっかりと刻まれ，いつか芽が出て花が咲くのを待つ種子となって確実に根付くことであろう。子どもたちを取り巻く我々のすべきことは，多様な文化を楽しむ体験に意味を見出し，そのような機会が提供できるよう力を尽くし，子どもたちと共に多様性の豊かさや大切さを共有していくことであると考える。

写真8-4　ジャガンナータ神　写真8-5　演舞後，神に感謝を捧げるインド人舞踊家と筆者

*　カーソン, R., 上遠恵子訳『センス・オブ・ワンダー』新潮社，1996，p.24.

コラム②　クラッシックバレエの話

　私は5歳の時初めてバレエを鑑賞した。チャイコフスキー作曲「くるみ割り人形」であった。きらめく雰囲気が幼い私を圧倒した。バレエというものに触れ，感動したのである。観客席のライトが消される。軽快な楽しい音楽が聞こえてくる。わくわくする。幕が上がった。そこは夢の世界であった。同世代のお友だちが楽しそうに踊る姿を見て，「あんな風に美しく踊りたい」「チュチュを着て踊りたい」と思い，バレエ教室に入った。日本舞踊も習っていたが，バレエへの憧れは強かった。

　週1回のレッスンは待ち遠しく夢中になった。美しく踊る先生に憧れ，先生の動きのまねをし，ひたすら美しい動きと技術を目指して練習に励んだ。バレエが好きで楽しくて，朝夕にはお姫様挨拶を必ずするようになった。音楽に合わせて基礎技術を繰り返し，繰り返し練習することで上達していった。そして，技術に加え，美しい動きへの憧れを想像し，心豊かに内面をより深く美しく表現するように心掛けた。バレエは，トウシューズを履きイメージを浮かべ，華やかなバレエ衣装に身を包んで，居ながらに人間そのもののすばらしさを具現するのである。

　バレエは「美しい」。他のダンスとは異なる「美」が備わっている。踊りは大きくてゆったりと美しい。一つひとつのポーズ，様々なステップ，跳躍，何十回も回る回転等，これらの高度な技法は長い歴史（約600年）で培われ，裏打ちされているからである。トウシューズ（19世紀頃から）というつま先立ちで踊る靴を履き，チュチュと呼ばれるスカートや華やかな衣装を身にまとい美しく踊る。

　バレエは歌詞や台詞がなく舞台装置，音楽やダンスによって物語を表現する総合舞台芸術であり，踊りや身振りで表現する身体表現である。

　代表的な作品としてバレエ組曲「くるみ割り人形」を説明しよう。初演は1892（明治25）年である（ロシア・サンクトペテルブルグ）。主人公クララがクリスマスイブのパーティーでくるみ割り人形をもらう。真夜中にくるみ割り人形がおもちゃたちと力を合わせてねずみたちと戦ったり，お菓子の国でいろいろな人形たちと踊ったりして楽しく過ごす。気が付くと夢が覚めて朝になっていたというファンタジーな作品である。

　「くるみ割り人形」の中で代表的な曲としては「ロシアの踊り」「行進曲」「花のワルツ」等があり，「ロシアの踊り」は運動会のBGMでよく使われている。「行進曲」は簡単な振り付けで，子どもたちの弾む身体と心をリズミカルな動きで表現しながら楽しく行進したい曲である。「花のワルツ」は華やかで，優雅で，感動的なワルツ曲である。くるみ割り人形は一般に知られている曲が多く含まれ，バレエのテクニックがなくても子どもたちが思い思いの動きや表現を楽しむことができる。

　子どもたちのごっこ遊びや表現遊びの中でバレエの挨拶をまねてお姫様挨拶や王子様挨拶をして楽しんでいる光景や，絵本やアニメのヒロイン，英雄になりきって身体表現を楽しんでい

る姿を目にすることがある。ワルツの曲が流れると，数人がバレエ風に，くるくる回ったり，跳んだり，身振り，手振りなど思い思いの動きで踊り出す。すると，次第に多くの人数が集まってきて互いにコミュニケーションを取り合いながらワイワイ楽しく踊っている。そんな時「子どもたちの表現って素晴らしい」と思える。

　「繰り返しの先に成長があり，成長が『オンリーワン』の自分につながる」「基礎となる技術を身につけることはゴールではなく，踊りで様々な表現ができるようになるための準備」＊とヤマカイ（日本人バレエダンサー）は言っている。バレエには特別な技術が必要である。しかし，その基礎となる技術は様々な表現ができるようになるための準備として必要だということである。

　保育の中での身体表現遊びも，バレエの世界と同様に，基礎となる土台が大切であろう。身体表現は，技術ではなく，豊かな感情表現が見る側に伝わってこそ，感動が得られるのである。その子なりの表現，その子なりの個性の花が咲くように，援助・支援を心掛けたいものである。

　＊　ヤマカイ『バレエを広めるモノ　陰キャな僕が王子様を踊る理由』KADOKAWA，2023，p.25，p.63.

第 **9** 章 言葉を楽しむ

様々なモノや様子を表す言葉から子どもたちはイメージを膨らませて，自分なりの動きを発見し，表現を楽しむことができる。なかでもオノマトペ（擬音語・擬態語の総称）はそのものの質感や，多様な動きの様子を伝達しやすい言葉である。それを受け止める子どもたちは，個々の感覚を働かせ，自由な表現に導かれる。様々な言葉をきっかけとして，自分の心が動きイメージが広がることを感じながら表現を楽しむために必要なことを理解する。

2人の心の言葉は同じ「きれい」

1 大きなくりの木のしたで

「大きなくりの木のしたで」の身体表現遊びは，班ごと，クラスごとといった，保育者（幼稚園教諭・保育士・保育教諭をいう）や子どもたちの多人数での活動によって，言葉の獲得や，獲得した言葉を身体で表現する力を育むこともねらいにできる遊びである。

「大きなくりの木のしたで」の歌詞は，大きなくりの木にやってきた子どもが，1人のお友だちに出会い，遊んでいるうちに，たくさんのお友だちと話をするようになり，みんなで輪になり，大きな夢を育てる思いを抱くという歌詞

である。振りは一般的に知られており，やさしいので覚えやすく，年齢が低くても，また親子でも楽しめる。

　本節で紹介する遊び方は，元の歌詞（下記）から歌詞（言葉）を替え，その言葉に合わせた動きを多人数で相談しながら，身体表現遊びを進める遊び方である。

「大きなくりの木のしたで」歌詞

歌詞	1番	おおきなくりのきのしたで あなたとわたし たのしくあそびましょう おおきなくりのきのしたで
	2番	おおきなくりのきのしたで おはなししましょう みんなでわになって おおきなくりのきのしたで
	3番	おおきなくりのきのしたで おおきなゆめを おおきくそだてましょう おおきなくりのきのしたで

（1）　遊び方①

1番の歌詞「おおきな」を木の様子が異なる歌詞に替えて，その様子を表現する。

①♪○○○くりの

言葉の例：
小さな，細い，たくましい，ごつい，ふわふわ，ぎざぎざ，ばしばし，ゆらゆら等

動きの例：
しゃがむ，両足と両手を広げ大の字，片足で立つ，身体を左右に何度も動かす等

くりの木のイメージを考え，考えたイメージを言葉と動きで表現する

②♪きのしたで

両手を頭，両手を肩，両手を膝

③♪あなたとわたし

友だちを右手で指さす
その手で，自分をさす

④♪たのしく

右手を左胸にあて，
さらに左手を右胸におく

⑤♪あそびましょう

首を右，左に傾ける

⑥♪○○○くりの

①と同じ

⑦♪きのしたで

②と同じ

（2）　遊び方②

　「大きなくりの木のしたで」の歌詞は，「大きなくりの木のした」で，誰と，どのように（何を）するかを表している。遊び方②では，どのように（何を），誰とするのかをみんなで考え，身体で表現する遊びである。元の歌詞と替え方の例を示した。

替える例

	誰と	どのように（何を）	すること
1番	あなたとわたし	たのしく	遊ぶ
2番	みんな	輪になって	おはなし
3番		大きく（大きな夢）	育てる
変える列	みんな 友だち ○○組 先生 おうちの人	大きく 楽しく 仲良く 輪になって 並んで	遊ぶ 話す 育てる 食べる 寝る・眠る 踊る・走る 見る・聞く

　「○○○くりの木のしたで，誰と　すること　どのように（何を）」を，みんなで相談する。決めた歌詞（言葉）に，合わせた動きを相談する。メロディーに合わせて，考えた歌詞を歌いながら，考えた動きで楽しむ。例を下記にあげた。

> 例①：ゆらゆらなくりの木のしたで，友だちとわたし，ゆらゆらゆれ
> 　　　たいな　　ゆらゆらなくりの木のしたで
> 例②：小さなくりの木のしたで，先生と一緒に，ありさんになりま
> 　　　しょう　　小さなくりの木のしたで

遊び方は，歌詞（言葉）を替えた身体表現遊びである。元の歌詞にとらわれず，子どもたちに，大きなくりの木のしたで，どのようなことをしてみたいかを保育者が尋ね，子どもたちの思いや考えを聞き取ることを心掛けてほしい。そして，その話し合いから決まった動きを，子どもたちが考える子ども主体の活動を，目指してほしい。

2 ピンポーン お荷物です

前節の「大きなくりの木のしたで」の遊びは，遊びに参加している友だちや保育者たちと一緒に，いろいろな言葉や動きを考える遊びとして提示した。その遊びを通して，子どもたちは，数多くの言葉と動きがあることに気付いたであろう。

本節は，その続きの遊びとして，子ども1人ずつが，自分の考えた言葉と動きを参加している友だちに発表して楽しむことをねらいとする。「お荷物です」という歌を歌いながら，宅配便屋さんになった気持ちで，荷物の中身は何か？ どんな車で運ぶのか？ どんな道を運転するのか？ 等イメージを膨らませながら，いろいろな言葉と動きをしながら荷物を運んで届けるという遊びである。歌の楽譜は次の通りである。

準備物：宅配便用の荷物の箱（子どもが持てる大きさ）・人数分の椅子

①全員で一重円をつくり 内向きで椅子に座る	②宅配便屋さんのイメージを 広げる 保育者の質問に答える	
保育者 座り方を知らせる	宅配便屋さんの話をする 質問をする	一緒に歌う

③保育者の見本を見る	④初めの宅配便屋さんを決める	⑤♪おおきなおにもつ とどけます
		 円の外で荷物を持ち上げる
保育者 歌いながら見本を見せる	「初めの宅配屋さんに なりたい人？」	「重そうな荷物だね」

⑥♪みどりのくるまで とどけます	⑦♪ガタガタゴトゴト ガタガタブーブ	⑧♪とうちゃくしました
 荷物をかかえながら 円の外側を歩く	 ワクワクしながら 待っている	 友だちの後ろで荷物を 持って立っている
保育者 子どもの動きに合わせて，リ ズムや速度を変えて伴奏して もよい	「誰のところに配達するのか な？」「バイクだね！」	「○○ちゃんへの お荷物だった！」

⑨♪ピンポーン ○○ちゃんのいえ	⑩荷物を受け取った子どもが 次の宅配便屋さんになる （繰り返す）	⑪遊びを振り返る
 届け先の友だちの背中を人差 し指で1回押す	 ⑥〜⑩までを自分なりに考え た動きで配達する	 自分が表現しようとしたこと を振り返り，それを友だちに 説明する
保育者 宅配便屋さんにどんなふうに 何を運んだのと聞く	「今度はどんなふうに誰のお 荷物を運ぶのかな？」	「どんなふうに運ぼうと思っ たの？」

3　ケロケロ びよーん

　オタマジャクシからカエルに変身した子どもたちが，イメージを豊かにして多様な表現を経験できることが大切である。保育者は，あらかじめバリエーション豊かなオノマトペを用意し，保育者も生き生きと一緒に動く。カエルだからこう鳴かなければ，こう動かなければという固定観念をはずして，「私のカエルはこんな感じ」を大切に，様々な表現を楽しもう。

①ここは静かなお池の中。オタマジャクシの仲間たちが，仲良く暮らしています
　スーイスイスイ，スーイスイスイ

②なんだか，しっぽのところがもにょもにょします。もにょもにょもにょ……

③ぽぽん，ぽーん！　あ，後ろ足が出てきたよ

④今度は肩のところが，うずうずします。うずうずうず……

⑤ぱぱぱん，ぱあーん！　わ，手も出てきた！

⑥やったーやったー，カエルになったんだ！

⑦ところで，カエルさんはどんなふう
　に鳴くのだっけ？（問い掛ける）

⑧じゃあ，自由に鳴きながら動いてみ
　よう！

⑨いろいろな，鳴き方があって面白いね！　じゃあみてみて，これはどうかな？
　ケロケロ，びょわ～ん，ケロケロ，びょわ～ん！（保育者のオノマトペ）

⑩じゃあ，みんなでやってみよう！　ケロケロ，びょわ～ん，ケロケロ，びょわ～ん！

⑪じゃあ見てみて，これはどうかな？
　びょんびょん，ゲコゲコ，びょんびょん，ゲコゲコ！

　この⑪の後は「とっても面白いね！　他に，どんなのがあるかな？」等と問
い掛け，子どもたちのオノマトペを聞いてみる。そして「それいいね。みんな
でやってみようよ」等と応答し，子どもたちのオノマトペで一緒に動くことを
楽しむ。

「ケロケロ　びよーん」の指導案例

5歳児28名			○月○日　保育室
子どもの姿	生き物に興味をもち，生き物を観察したり図鑑を見たりして確かめようとしている。		
ねらい	カエルになりきって，様々なオノマトペを発しながら表現することを楽しむ。		
内　容	オタマジャクシからカエルになって，鳴いてみたり，動いてみたりする。		

時間	環境構成	予想される子どもの姿	保育者の援助と配慮
10:00 10:05	保育者 ●●●● ●●●●● ●●●● ●●●	○図鑑から，カエルの変身について知る。 ・変身の様子を見たり聞いたりする。 ○池の中のオタマジャクシになっているとイメージする。 ・保育者の様子を見ながら，オタマジャクシになって自分なりに泳ぐ。 ○自分なりのイメージで，表現することを楽しむ。 ・保育者の動きやオノマトペから，自分なりの表現でよいと知る。 ・友だちの表現を見て楽しんだりまねしたりする。 ○カエルの鳴き声をイメージし，鳴いてみる。 ・友だちの鳴き声を聞いて，いろいろな表現があることを知る。 ○鳴きながら動くことを楽しむ。 ○保育者の表現を見る。 ○保育者のオノマトペを聞いて，感じたままに表現することを楽しむ。 ○鳴き声や動きのオノマトペを自由に発しながら，表現して楽しむ。	○オタマジャクシからカエルに変身する様子がわかるよう，図鑑を見て尋ねながら話をする。 ○図鑑からのイメージが広がるようにオノマトペを交えながら話をする。 ○オタマジャクシからカエルになって動いて遊ぶことを提案する。 ・ここは池の中でオタマジャクシであることを伝える。 ・オタマジャクシが泳ぐ様子をオノマトペを発しながら動いて見せる。 ○変身していく様子を，オノマトペを発しながら，動いて見せる。 ・思い思いの表現が楽しめるようにオノマトペを繰り返す。 ・個々の表現を認め，友だちの表現にも気付けるように声を掛ける。 ○カエルの鳴き声について尋ねる。 ・子どもたちの考えた鳴き声（オノマトペ）を認め，繰り返してみる。 ○考えた鳴き声を発しながら，自由に動いてみることを提案する。 ・一緒に動きながら，個々の表現を認めて，思い思いの表現を支える。 ○「こんなのはどうかな？」と保護者の考えたオノマトペと動きを見せる。 ・びょわ～ん等，動きのオノマトペも交えていることを伝える。 ○他にどんなものがあるか尋ね，一緒に動いてみることを提案する。
10:25			

4　あいうえおー遊び

　この遊びは，50音の「ん」以外の音から始まる言葉を身体で表す遊びである。遊びの大きなタイトルは「あいうえおー遊び」であるが，選択する音によって変えることができる。今日は何の音かなとわくわくできる面白さがある。言葉を示す方法は2通りある。一つ目は数枚の絵カードを作っておいてそれを保育者が示しながらコールする方法である。二つ目は同じ音で始まる言葉と動きを決めておいて保育者がどれかをコールする方法である。2通りの例を以下にあげる。

（1）　絵カードを示す方法

1）おおおおおー遊び

　「お」から始まるカードの例は次の8枚である。見やすい大きさで作成する。

図9-1　「お」から始まる言葉カードの例

　「おおおおおー遊び（間をおいて）おなべ！」と保育者がコールをしながら，おなべの絵カード（図9-1）を出す。紙芝居のように出したり，机の上に置いてあるカードを迷いながら選んだりすることでわくわく感が増す。子どもはそれを聞いて思い通りに身体で表してみる。指示がなくても子どもたちは友だち同士でくっついたり，顔を見合ったりして十分に楽しむことができる。保育者は，子どもたちの表現に対して「おなべ熱いよー」「たくさんお友だちいるんだね」等，子どもたちの表現に対して，感じたままに自然な声掛けをすること

で，どの子どもにも受容されている気持ちが残るように心掛けることが大切である。カードの作成にあたっては，季節や子どもたちの日常の姿に沿ったものが望ましい。「あいうえお」のどの文字から始まる言葉なのかにもドキドキする。

2）かきくけこ―遊び

方法は1）と同様である。保育者も一緒に表現することで楽しさが倍増する。

保育者や友だちのまねする子どもに対しても，「先生と（○○ちゃんと）そっくりカエルさんだね。兄弟かな？」等の認める言葉を掛けるとまねし合ったりしても楽しい雰囲気になり，苦手な子どもも参加しやすくなる。

「か」から始まるカードの例は図9-2の3枚である。見やすい大きさで作成する。

図9-2　「か」から始まる言葉カードの例

3）さしすせそ―遊び

方法は1）と同じであるが，「さしすせそ」の全てをカード（図9-3）にしておくところが異なる。このカードの遊びは，12月の行事の頃に行うことができる。50音の行を選べば年間の行事の中に組み入れられ，言葉への興味が高まる。

図9-3　「さしすせそ」の字から始まる言葉カードの例

（2）言葉と動きを決めておく方法

　「な」で始まる言葉の場合を例にあげる（図9-4）。この場合，遊びの名前は「なななななー遊び」となる。先に「な」で始まる言葉を決めておく。例として「なわとび」「なきごえ」「なまえ」をあげる。一重円で円の中心を向いて並んで座るとよい。「なななななー遊び　なわとび！」と保育者がコールしたら，短なわを持って立ち上がって1回跳ぶか跨ぐ。「なきごえ」と保育者がコールしたら，動物や生き物の鳴き声をまねして3回鳴く。「なななななーなまえ　右（左，または前）」と保育者がコールしたら，右の（または左あるいは前の）友だちの方を見て名前を大声で呼ぶ。自分の名前が呼ばれたなと思った子ども，「はーい！」と手をあげて答える。このルールで一通り練習してから始める。いろいろな友だちの名前を呼べるように円の並び順を途中で変える。

図9-4　「な」から始まる言葉カードの例

● 演習課題

課題1：子どもたちの好む絵本を読んで，その中にあるどのような言葉に子どもたちが惹きつけられているか考えてみよう。その言葉を身体で表現してみよう。

課題2：「オノマトペ」を考えられるだけ書き出してみよう。また，それらのオノマトペの状態や状況を身体表現して，どのようなオノマトペのことかを当てるクイズ遊びをしてみよう。

コラム　　シアター遊びの話

　平絵人形劇である立絵芝居（ペープサートの前身の呼び名）は，明治末期から演じられてきたのであるが，大正末期から昭和初期頃にかけて衰退したのは，立絵芝居から移行した紙芝居の登場がきっかけであった。

　しかし戦後，永柴孝堂氏が立絵芝居をペープサートという名で新たに蘇らせ，新しい教材，教具として教育現場に取り入れられた[*1]。ペープサートという名前は，「紙人形劇」＝「paper puppet theater」（ペーパー・パペット・シアター）を短縮した造語である。

　ペープサートはいわゆる人形劇の範疇にある。日本の人形劇は，1920年代末期に多くの人形劇団が生まれ，現在ではプロ人形劇団は140を超え，2000を超えるアマチュア人形劇団がある。

　これら「紙芝居」「ペープサート」「絵本」「人形劇」は児童文化財として保育の中に様々な形で取り入れられてきた。各々の特徴を活かした形で演じられたものを，子どもたちが「見て感じる遊び」として受け継がれてきた。

　その中でも「ペープサート」や「人形劇」は，保育者が両手に持って演じるため，動きをより魅力的・効果的に作り出すことができる「シアター遊び」として実践されてきている。動きと保育者の声が連動するため，子どもたちの興味や関心を引きやすく，子どもの反応をストーリーに取り入れる等，臨機応変なアレンジもきくのが魅力的である。「言葉」の表現だけでなく「動き」による表現の比重も強く，子どもたちの心に働き掛けやすい特質がある。保育者が演じるだけでなく，子どもたちの発想で作って演じることも保育の中では実践されている。

　「上からゆくな，下からゆくな，対等にいけ」[*2]。この言葉は，教育紙芝居の先駆者である高橋五山（1888－1965）の言葉である。「上から」教えるようにではなく，「下から」媚びるのではなく，「対等にいけ」そうしないと本当に幼児の心と触れ合えないという紙芝居の実演の心構えを意味している。この心構えをもった保育者のドキドキ感やワクワク感，声のトーンや豊かな表情やしぐさは，子どもたちの感性に触れ，子どもたちの気付き・発見・感動につながり，表現意欲を内発的に高めることとなるであろう。

　現在の保育現場では，「紙芝居」「ペープサート」「絵本」「人形劇」等の要素を取り入れ，様々な素材や道具を使うシアター遊びが幅広く活用されている。パネルシアター，エプロンシアター，手袋シアター，折り紙シアター，紙皿シアター，スケッチブックシアター等である。

＊1　望月新三郎『シリーズ親と子でつくる9 からくりペープサート』創和出版，1989，p.5.
＊2　全甲社公式ホームページ. https://zenkosha.com

第10章 環境を楽しむ

　自然や動植物等の「モノ」の美しさ・不思議さ，そして身近な「コト」の性質や様子に興味をもち，それらから受ける視覚・聴覚・触覚・味覚・嗅覚・固有受容覚・前庭覚（第2章参照）への多様な刺激を，身体全体で表現する楽しさや感覚を理解する。また，本章で扱う雪・雨・風・光等の自然現象やくらげ等の生物という「モノ」やそれらが織りなす「コト」の状態をまねることから始めて，子どもたちが「モノ」や「コト」になりきったり，没頭したりできるような遊び方や援助方法を理解する。

風に揺れる葉っぱと空と雲

1　くらげのたんけん　ぷわぷわり

　この表現遊びは海の中でふわふわと動くくらげになって表現を楽しむ遊びである。また，お母さんくらげから誕生，成長し，わかめさん等，海のお友だちと遊ぶ，サメが来て怖い思いもするがまた平和な海でお友だちと遊ぶ，というストーリーの楽しさも味わえる。遊びを始める前に，海の絵本やくらげの絵本をみんなで読んだり，遠足で見た水族館のくらげをみんなで思い出したり写真を見たりして海にいるくらげの表現のイメージを広げるのも楽しく遊ぶポイントである。

写真10-1　お母さんくらげと子どもくらげの衣装

準備するもの：直径2〜3mの白い円形布（写真10-1），人数分の白い45L
袋，人数分の白い小ビニール袋（お友だちくらげ），緑色の大布（わかめ），
橙色不織布数枚（いそぎんちゃく），茶色の大布（岩場用），サメ（段ボール
等で製作），青い布やマット等（背景）

（1）誕　生

①〜⑤：ナレーション

①美しく大きなお母さんくらげが，
気持ちよく泳いでいますね

②おや？　お母さんくらげのお腹には
赤ちゃんがいるようです。おやお
や？　赤ちゃんたちのかわいい足や
お手々が見えますね

③さあ，いよいよ誕生です！

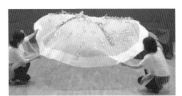

3〜5人でお母さんくらげの円形白
布をバルーンのように広げて持ち，
くらげらしく見えるように広げなが
ら回る。3歳児の場合は保育者が行
う方がよい。くらげの赤ちゃん役は
そばで待機する

白布を持っていた人も待機していた
人も円形白布の中に入る。手や足を
お母さんくらげに見立てた白布から
出したり引っ込めたりして赤ちゃん
くらげらしい動きをする

転がったりしながら布の外に出る。
一人はお母さんくらげの布を下手に
持って出た後，戻ってくる

④かわいい赤ちゃんくらげが，元気
に動いていますね

⑤赤ちゃんくらげは，だんだん大き
くなってきました。とっても上手
に泳げるね〜

ずりばいやハイハイ等でもぞもぞ動
き回る

ハイハイから膝立ち，だんだん大き
くなってふわふわと泳ぐくらげの表
現を楽しむ

（２）海のお友だちと遊ぼう

⑥～⑭：ナレーション

⑥海の中は不思議がいっぱいです。よーし，みんなで探検に行こう！きれいな緑色のわかめさんがいますよ

保育者A，B：緑色のわかめの大布を２人で持って広げ美しくゆったりと揺らめかせる

⑦くらげさんたちは，わかめさんと遊びたくなりました。一緒に遊ぼう！やさしい，ゆらゆら，わかめさん。楽しいね～

行ったり来たり，くぐったり，ひっくり返って手足をゆらゆらさせたりしながら揺らめくわかめと戯れるように遊ぶ

⑧わかめさん，楽しかったよ。ありがとう！またね～。わかめさんは，とおくの海に戻っていきました

保育者A，B：布を戻す
保育者A：下手にはける
保育者B：岩陰で待機する

⑨あ！岩のところにいそぎんちゃくさんがいますよ。いそぎんちゃくさん，こんにちは！

岩のそばに行き，いそぎんちゃくに挨拶をする

⑩岩陰には，小さなくらげのお友だちがたくさんいました。
くらげのお友だちと一緒に遊ぼう！

保育者の投げあげたビニール袋を１枚手にする
保育者B：岩陰からお友だちくらげに見立てたビニール袋を子どもが取りやすいように高くポンポン投げあげる

⑪くらげのお友だちと一緒に遊ぼう

個々にビニール袋を投げあげたりキャッチしたり打ち上げたりして遊ぶ

⑫それでは，２人組になって，手をつないでぐるぐる回ろう！
反対回りもできるかな？

ビニール袋を右手に持ち２人組になり左手をつないでぐるぐる回る。逆の手につなぎ直して反対周りをする

⑬今度はみんなで半円になってみよう！端から順番に動いてみよう。そーれ！今度は反対から。そーれ！

みんなで半円に並び端から順番に大きく腕を回していく。次は反対から順に動いていく

⑭今度はたての一列になれるかな？一番前のくらげさんから円を描いてみよう。そーれ！とっても上手にできたね

たて一列に並び一番前のくらげから順に円を描いていく

（3）サメが来た！

⑮～⑰：ナレーション

⑮あ！サメが来た！ みんな逃げて！ 岩陰に隠れて！ 怖くて強そうなサメです！

⑯あ～怖かったねえ。サメはもういなくなりました。くらげさんたち，出てきて大丈夫だよ

⑰あーよかった。さあ，みんなでくらげダンスをおどろう！ ＊動画には「くらげダンス」が収録されている

サメから逃げ回り，岩陰に隠れる
サメ：サメの製作物を持ち，子どもを追い掛けるように動き回る
サメ：はける

岩陰からカラフルな布を持って，真ん中に出てくる
保育者B：岩陰で子どもたちにカラフルな布を手渡す

カラフルな布を持って，真ん中に集まる

2　ゆきのこぼうず

　雪が降り積もっている様子をイメージした身体表現を工夫しながら，冬という季節を想像して楽しむ。子どもたちと動きに合わせてゆっくり歌いながら表現するところに楽しさがある。子どもたちの表現を引き出す言葉掛けを示した。白いお花紙を使って雪のような丸いボンボンを子どもたちと作ることも楽しみの一つである。また紙テープ等他の素材で雪のこぼうずを表すアイデアを子どもたちに投げ掛けてもよい。

参考曲　　　　：「ゆきのこぼうず」作詞：村山寿子　外国曲

準備するもの：白いお花紙の直径10cmのボンボン2個を両手の指につける

①♪ゆきのこぼうず　ゆきのこぼうず	②♪やねに おりた	③♪つるりとすべって

両手キラキラ2回	三角を作り屈伸	屈伸しながら両手上へ
保育者「ゆきのこぼうずが遊びにやってきたね」	「三角屋根におりたみたいだよ」	「たいへん！ すべっちゃった」

④♪かぜにのってきえた　　　⑤♪ゆきのこぼうず　　　　　⑥♪いけにおりた
　　　　　　　　　　　　　　　　ゆきのこぼうず

両手揺らしてしゃがむ　　　　両手キラキラ2回　　　　両手で輪をつくる

保育者	「寒い寒い北風さんかな」	「ゆきのこぼうずさん がまたきたね」	「ポチャーンと音がしたよ」

⑦♪するりともぐって　　　　⑧♪みんなみんなきえた　　　⑨♪ゆきのこぼうず
　　　　　　　　　　　　　　　　　　　　　　　　　　　　ゆきのこぼうず

鼻をつまんでしゃがむ　　　両手左右に揺らしてしゃがむ　　　両手キラキラ2回

保育者	「するーり」	「きえちゃった」	「今度はどこに落ちてくるかな？」

⑩♪くさにおりた　　　　　⑪♪じっとすわって　　　　　⑫♪みずになってきえた

両腕を左右に揺らして座る　　　座って目をつぶる　　　立って④をしながら退場

保育者	「草は柔らかいよきっと」	「気持ちよさそうだね」	「雪がみずになったのかな？」

3 雨と水たまりの遊び

　身近なロープや紙吹雪を，水たまりや雨に見立てて遊ぶ。絵本のストーリーを参考にした言葉掛けを用いて，イメージを豊かに広げて伸び伸びと表現することを楽しむ。

　　参考絵本　：鶴見正夫詩・高見八重子絵『あめふりくまのこ』ひさかたチャイルド，2009.

　　準備するもの：白いロープ・白や水色の紙テープで作った紙吹雪・大き目のビニール袋

①今日は雨ですね。あとからあとから降ってきます

雨が降ってくることをイメージして，空を見上げたり，雨を受け止めたりする表現を楽しむ

②少し止んだね。見てみて，大きな水たまりができたみたいだよ

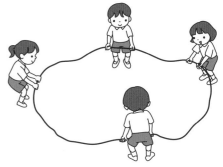

皆で白いロープを持ち，水たまりの形をつくって，その場に座る

③そーっとのぞいてみましょう。お魚はいるかな？ お手々で，お水をすくってみようかな？

絵本を参考にした言葉掛けから，イメージを豊かにして表現する

④ゆーっくり，入ってみよう。ちゃぷーん，ちゃぷーん

ゆっくり，そおっと水たまりの中に入るという表現を楽しむ

⑤泳いじゃおうかな？ それー。すーい，すーい，すーいすい。とってもいい気持ちだね。お水をかけ合って遊ぼう。それ，ぱちゃぱちゃぱちゃ

水たまりの中で，自由に遊ぶことをイメージして遊ぶ

⑥あれあれ？ また雲がやってきました

保育者は，ビニール袋の中や広げたビニールの上に，紙吹雪を持ってやってくる

⑦パラパラ……パラパラ……。少し雨が降ってきたね

子どもたちに，仰向けに寝るように促す。子どもたちの上から，少し紙吹雪を散らす

⑧あ，雨が強くなってきたかな。ザーザー，ザーザー

たくさん降ってくる紙吹雪を楽しむ

⑨水たまりに水がたくさんたまってきたよ。お水を集めて，ぱっ！

紙吹雪を掛け合ったりして自由に楽しむ

⑩あ，太陽さんが出てきました。雨水は，お空に帰っていきます

十分に遊んだら，皆で紙吹雪をビニール袋に入れて，片付ける

「雨と水たまりの遊び」の指導案例

5 歳児○名			○月○日　保育室
子どもの姿		砂場等で水をたくさんためて，水たまり遊びを楽しむ姿がみられる。	
ねらい		身近な素材を使って，イメージを豊かに広げて表現を楽しむ。	
内　容		ロープを水たまり，紙吹雪を雨水と見立て，その中で遊ぶ。	
時間	環境構成	予想される子どもの姿	保育者の援助と配慮
10:00	保育者	○絵本を見ながら，保育者の歌を聞く。 ・一緒に遊ぶ。 ・水たまりで遊んでいることを思い出して，遊びの内容を話す。	○絵本『あめふりくまのこ』を歌いながら読む。 ・一緒に歌うことを提案する。 ・雨が降って，水たまりができたら，どんなふうに遊ぶか尋ねる。
10:05	保育者	○長いロープを皆で持ち，床において，水たまりの形を決める。 ・水があるとイメージして，水をすくうまねをする。	○今日は雨が降っていて，水たまりができたようだと伝える。 ・長いロープを使って，皆で水たまりと見立てて遊ぶことを提案する。 ・水たまりの周りに座ることを伝える。
		○水たまりをのぞきこみ，ボウフラ等知っている生き物について話す。	○絵本にあったように，水たまりの中にお魚や他の生き物がいないか尋ねる。 ・絵本にあったように，手で水をすくってみることを提案する。
	保育者	○保育者のまねをして，そおっと入る表現を楽しむ。	○立ち上がって，そおっと水たまりの中に入ってみることを提案する。 ・ちゃぷーん等，オノマトペを多用して，イメージが広がるように声を掛ける。 ○泳いじゃおう！と声を掛け，水たまりの中で好きに遊ぶことを提案する。
		○腹ばいになって，泳ぐまねをしたり，友だちに水を掛けるまねをしたりして楽しむ。	
	保育者	○少量の雨が落ちてくる様子を楽しむ。だんだん，たくさん降ってくる雨を楽しむ。	○雲がやってきたことを伝える。 ・紙吹雪の入った大きなビニール袋やシーツを雲に見立てる。 ○子どもたちの上に，パラパラと雨を降らしていく。
		○たくさんたまった雨を手でかき集めて，何度も放つ遊びを楽しむ。	○太陽が出てきたことを伝える。雨が蒸発してお空にかえっていくことを伝える。
10:30		○散らばった紙吹雪を，皆でビニール袋に入れる。	

4　風の遊び

　躍動感あふれるオノマトペのある絵本からイメージして，いろいろな風を体全体で表現することを楽しむ。柔らかな布素材を使って，目に見えない風になることを味わう。絵本や日常の体験からイメージを広げ，季節の風や強弱のある風等，様々な風になって，思うままにのびやかに動くことが楽しい。一方，リズムに合わせて定型的な動きをする活動や，動物を模倣して表現する活動とは異なり，目に見えないモノを頭の中で自分なりのイメージとしてとらえ，それを体の動きとして表現することに子どもは難しさを感じるかもしれない。したがって，子どもが不安を感じないように保育者の支えが肝要になる。例えば，子どもの動きを保育者自身もまねをして認めたり，布の動きを言葉で形容し体の動きが布に伝わる楽しさを知らせたり，「ブオッファ　ブオッファ」等の迫力のある絵本のオノマトペを使って場面にメリハリをつけることで，表現に向かう子どもの気持ちに寄り添うことができる。詩人の長田は風を以下のように描写する。「風は不思議な力をもっている。風が吹くと，草や木や，ことばをもたないものみなが，いっせいに話しだす」[1]。このような風の生き生きとした情景を野外活動等で事前に体験しておくことで，風のとらえ方が充実したものになるであろう。正解となる活動のゴールはない。子どもの動きを見逃さず，しっかり見取って励ましたい。

1）長田 弘『風のことば 空のことば〜語りかける辞典〜』講談社, 2020，p.39.

参考絵本：三宮麻由子 文・斉藤俊行 絵『かぜフーホッホ』福音館書店, 2013.

準備物　：染色した不織布，または柔らかい布（長さ 1 mほど）

使用曲　：風の描写に合わせたピアノの自由演奏

①絵本の読み聞かせ
　絵本『かぜフーホッホ』を読み聞かせる

風のオノマトペを存分に楽しむ。特に大風を受けたシーツのオノマトペ「ブオッファ　ブオッファ」や絵本タイトルのオノマトペ「フーホッホ」は，遊びの中で活用できるよう，工夫して生き生きと表現する

②風を感じる
　「あら？ どこからかやさしい風が吹いて来ましたよ」

保育者2人で不織布を持ち，後方から子どものそばを走り抜けたり戻ったりして，子どもたちに風を送る

③風になる

「(②の風を感じて)気持ちがいいですね。今度は
みんなで風になってみましょう。好きな色の
布を持って，さぁ，どんな風になろうかな？
柔らかい風やぐるぐる渦巻きの風，いろいろ
な風が吹いていますよ」

好きな風

不織布を1枚ずつ子どもに配布して，好きな風
の動きを促す。子どもたちがどんな風になって
いるか，保育者はいろいろな表現をしている子
どもの様子を言語化しながら，他の子どもたち
に伝え，雰囲気を盛り上げる

⑤風になってモノと関わる(1)

「秋になりました。涼やかな秋風が吹いてきま
した。あれ？　あちらに大きなシーツが干して
あります。シーツさんにご挨拶しに行きましょ
う」

干されたシーツ

保育者は両手を広げ物干し竿に干された大きな
シーツになる

シーツの間を通り抜ける秋風

④様々な風になる

「ポカポカと暖かい春風がお花の香りを運んで
きました。とてもいい香りです」

春風

「夏になって台風が近づいてきました。道の木や
看板が吹き飛ばされそうです」

台風

⑥風になってモノと関わる(2)

「秋風が集まって，グルグル回ってつむじ風に
なりました」

つむじ風(前景)

円隊形になってグルグル回った後，シーツの方
へ走り抜ける

ねじれたシーツ

シーツはつむじ風を受けてねじれてしまう

⑦風になってモノと関わる（3）
　「最後は大風です。勢いのある強い風が吹き荒れています」

吹き抜ける大風（中央で跳躍）

「ブオッファ　ブオッファ　シーツが吹き飛ばされそうです」

吹き飛ばされそうなシーツ
（両手を挙上した3名）

大風が1人ずつシーツに向かって走り抜ける。シーツ役を子どもに交替しても楽しい。両者のダイナミックなやり取りを存分に味わいたい

⑧大きな野原の風になる
　「大きな野原に出ました。フーホッホ かぜフーホッホ！広い野原に出てどんな気分かな？」

野原に出た風

子どもから不織布を集め，広い野原に出たことを伝える。安堵感や開放感を味わう

⑨静寂を感じる
　「風さん，今日はたくさん遊びましたね。ひと休みしましょう」

風がおさまる

ゆっくり座るように促し，小鳥のさえずりをピアノで演出しながら，遊び終わりの余韻を楽しむ

　不織布の染色方法について追記する。不織布は手軽に染色することができる。染めたい色のアクリル絵の具1本分（25mL）に対し、園芸用不織布シート（約1.5m×5m）を準備し、不織布がつかるギリギリの分量の水に絵の具を溶かし、よくもみこみ一晩浸す。翌日軽く絞って干すと、優しい発色が楽しめる。水量が多いと色が薄くなるので、できるだけ少量の水に絵の具を溶かす。

<h1>5　影絵遊び</h1>

影絵遊びは，シンプルに，かつダイナミックに，自分が大きくなったり小さくなったりして遊ぶことで，影絵の世界ならではの身体と遊びながらの表現を楽しめる。

（1）　お誕生日会での影絵遊びから表現遊びへ

お誕生日会での保育者からの出し物として影絵遊びを行い，子どもたちが影による表現の探究を楽しんだＴ市立Ｎ幼稚園の事例を紹介する。

光源として準備した機材は，ＯＨＰ（オーバーヘッドプロジェクター）と呼ばれる，絵や文字を書いた透明なＯＨＰシートをスクリーンに投影することによって提示する仕組みになっている。幼稚園ではこのＯＨＰの光が当たるところに白い布をカーテンのように吊り下げ，その間に保育者が位置取り，影絵を見せた（図10-1）。

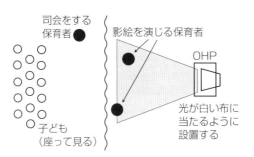

図10-1　影絵遊びの環境構成図

写真10-2　影の映り方の探究

1）影絵クイズ

「だーれだ？」「これなーんだ？」と問うクイズ遊びである。例えば，同じ「丸いもの」でもボールと紙皿では見せ方を工夫することで，同じものに見えたり違うものに見えたりする（写真10-2）。子どもたちが，影絵クイズで影の不思議さを楽しみつつ，いつも見ているものの影が映し方によって形が変わることを学ぶことができるよう工夫したい。

2）保育者2名による影絵劇の鑑賞

劇のストーリーは，幼稚園から近くの公園までお散歩に行き，公園でボール遊びをして幼稚園に帰ってくるという簡単なものであった。しかし，子どもたちは最初から「（先生が）でっかーい！」と，映し出された影絵ならではの人の

大きさに驚き，公園で出会ったことのあるかたつむりや鴨が影絵で映し出された時には大喜びであった。もっと喜んだのは，保育者たちがボールやすべり台で遊ぶシーンであった。すべり台は大型積み木で作った三角形で，すべり台を滑っているように保育者が演じている。子どもたちも「どうなってるん？」「あ，歩いてるんちゃうか？」と，不思議がりながら予想をして大いに楽しんだ。このように，影絵劇では，見た後に子どもが不思議だと思う点や気付いた点を自ら試してみたくなるようなシンプルな表現を取り入れることが重要である。また，保育者の身体が大きくなったり小さくなったり，消えたりする場面を入れてみると，自分たちもスクリーンの向こうで演じてみたいという気持ちが湧き起こる。ストーリーよりも影絵ならではの表現を経験してほしい。

3）影絵表現遊び

　影絵劇が終わると同時に，子どもたちは「やってみたい！」と意欲を示したので，すぐに影絵遊びを始めた。光源とスクリーンの間のどこに立てば自分が大きく映るのか，また小さく映るのかを実験しようとする子，「木みたいだね！」と，自らの身体全体で木の表現をして楽しむ子，しばらくすると数人で重なり合って「もっとすごいもの！」と表現し出す年長組の子たちも出てきた（写真10-3）。この遊びは何日も続き，子ども一人一人の興味や疑問に基づいて影絵遊びを楽しんだ。

写真10-3　みんなで木みたい

写真10-4　巨人につかまっちゃう！

（2）　豊かな表現につながる影絵遊び

　影絵に関して気になったことを試してみよう，調べて確認して追究しようという子どもたちの気持ちを援助したい。自ら実験的に身体を自由に動かしたり，友だちや保育者と協同して身体全体で影絵をつくったりして，子どもたちが見る側と演じる側を交互に楽しみながら試行錯誤を繰り返す遊びの過程が，豊かな身体表現の力を育む。身体表現の双方向性の担保が特に重要である。

　　また，子どもたちが影絵遊びの積み重ねから何かを表現したいという気持ちになった時に，影絵劇を提案するとさらによい。そうすることで，ストーリーや小道具を子どもたちが主体的に創意工夫して楽しい影絵劇になる（写真10-4）。

　　影絵の世界ならではの身体表現を十分楽しむことができるよう，子どもの主体的な探究心や集団での対話を大事にして取り組んでほしい。

● 演習課題

課題1：第10章1のくらげさんはこの後どのような探検をするかを想像して，物語を創作しよう。

課題2：小さい頃を思い出して，自然の中で遊んで楽しかった思い出を話し合い，そのイメージを身体で表現してみよう。

課題3：風に関する言葉集めをしよう。枝分かれするように次々発想して様々な風のイメージをもてるように，話し合ってみよう。

課題4：身体を使った影絵で身の回りのものを表現してみよう。

コラム　身体表現とICT

　近年，教育現場でのICT＊活用が進んでいる。幼児教育においても例外ではない。実際に幼児教育現場でのICT活用に取り組む際に考えておきたいこととは何だろうか。まずは，ICTの特性である，容易に試行錯誤ができる，情報の蓄積や可視化ができる，時間的・空間的な制約を超えて伝達できる，の３点を活かしつつ，幼児の遊び，学びがより豊かになるように支援しているかに注目するとよい。具体的には，幼児の思いや意見，さらに言葉で表現することが難しいイメージ等を可視化したり，可視化されたものを集団で共有・伝達しながらの対話を支援したり，その場にいない人や時間を超えて繰り返して伝え合ったりするような活用方法である。このコラムでは，M大学附属幼稚園での２つの実践から，幼児の身体表現とICT活用について考えてみたい。

　一つは「映画館」遊びである。映画づくりにICTを活用する場合，本物の映画のような映像パッケージを作成した実践もあるが，この園での実践では，自分たちの遊びに必要なものだけをICTを活用して作成することで，本来のお話づくりや演じて表現する遊びをより充実させている点に注目したい。

　ICTを活用したのは，子どもたちが自ら描いた画像をプロジェクターで大きく映し背景にしたところである。タブレット型端末に直接描いたり，画用紙に描いたりした絵をタブレット型端末に取り込みながら背景をつくることで，お話の場面に応じたいくつもの背景を協力して作成した。結果，背景の作成時間が短縮でき，実際の映画館遊びの際の背景の入れ替えも瞬時に行えただけではなく，タブレット型端末の絵を見ながら試行錯誤して背景をつくることで，お話のイメージ

写真10-5　タブレット型端末を使う

を膨らませ，より詳細にお話の世界を考えることを可能にし，絵も，お話づくりもより深めることになった。

　さらに，背景づくりのみのICT活用にとどめたことで，映画とはいえ毎回，自らで演じることになるので，客役の友だちに見せた時の反応を楽しみながら，次はこう動いてみよう，効果音の楽器や背景を変えてみようと子どもたちが感じ取り，身体表現がもつ表現の探究を可能にした。保育者は，演者同士，また演者と観客の意見交換や遊びの終わりに必ず設けていた「話し合い」の時間を大事にし，表現の工夫を楽しめるよう援助していた。タブレット型端末の使い方についての援助はわずかで済み，困っている子どもへの援助はあったが，基本的には子どもたちが協力して使うことができていたから可能であったともいえる。

　もう一つは，「お化け屋敷」遊びである。本当のお化けになりきる子，自分が考えるお化けに

合った素材を選んでお化けをつくる子等，一人一人のイメージを大切にした多種多様なお化け
が登場する，保育室全体で「お化け」を楽しむ空間がつくられた。その中に1人，園外保育で見
た電子動物園のイメージから，タブレット型端末でお化けをつくる子がいた。自分で描いたお
化けをタブレット型端末に取り込み，取り込んだ絵をタブレット型端末の画面上でドラッグす
ることで動かすことができるアプリを活用した。タブレット型端末を操作する子が，プロジェ
クターにタブレット型端末の画面を映しつつ，客役の子からは見えないが客役の子の動きは見
えてタイミングを合わせてお化けを動かせる位置を考えて，環境を構成し，お化け屋敷を開店
した。

　だが，予想に反して，タブレット型端末で動かすお化けでは，客役の子どもたちが全く驚か
なかった。お化を出す子と客役の子との呼吸，タイミングが重要であることから，動かすタ
イミングが合っていないからか，客の子からお化けが見えにくいのか，いろいろ考え，工夫を
重ねたが，やはり誰も驚かない。

　この解決策は意外なところにあった。それは，客役の子どもがお化け屋敷を1周してタブレ
ット型端末のお化けを動かす子を見つけた時に言った
「え？自分で動かしてたんや！」「動かしてたの？」
「すごい！」という驚きの声だった。

　今の子どもたちにとっては，プロジェクターに映さ
れた絵が自動で動くことは当たり前で珍しくもないこ
とである。だから，怖くも面白くもなかった。だが，
「友だちがタブレット型端末でその場で絵を動かして
いた」という表現行為は今まで見たことがない「すご
い」ことで，そこに驚きや面白さを感じたのである。

写真10-6　お化けを動かす

従来のお化け屋敷のイメージではなく，ICTを操作するところをあえて見せて，お化けの操作
者と客役の子どもとの双方向性を活かす遊びに展開するという発想の転換が求められることを
学んだ。

　この園の2つの実践は，子どもがより豊かで楽しい表現を試行錯誤しながら探究できるこ
と，表現の工夫を友だちと共有して表現を楽しむこと，この2点を大切にした環境の構成を含
むICTの活用が，身体表現遊びでは特に重要であることを教えてくれているといえるだろう。

　＊　Information and Communication Technologyの略。情報コミュニケーション技術，情報通信技術と訳さ
　　　れる。IT（Information Technology：情報技術）と同義。教育場面においては，電子教材を活用した授業
　　　の実践やコンピューターによる情報管理等が考えられる（文部科学省）。

第11章 お話を楽しむ

　子どもたちにとって「お話」や「絵本」は身近で，大好きな存在である。保育者（幼稚園教諭・保育士・保育教諭をいう）が絵本を読み始めると次第に物語や絵の世界に入り込んでいく。お気に入りの絵本を何度もリクエストして読んでもらったり，自分で繰り返し読んだりして，楽しんでいる。本章では，絵本や物語の感動した場面や印象的な場面を自分なりにイメージし，自分なりの動きで表現し，身体表現遊びを展開する楽しさを理解する。

うさぎも不思議の国へ行くのかな？

1　パンやさん遊び

　絵本『からすのパンやさん』からのお話遊びである。からすのパンやさんが売っているパンにはいろいろな形があり面白い。絵本の物語からイメージを広げ，替え歌を歌いながら，好きなパンの形を身体で表す遊びである。絵本の楽しさをさらに深め，自分の好きなパンの形を自由に表現したり，友だちのパンの形を見たりして楽しむことをねらいとしている。2種類の替え歌で2種類の遊び方を紹介する。

　初めに，絵本『カラスのパンやさん』の読み聞かせをする。いくつかのパンのイラストを模造紙に書いてホワイトボードに張る。図11-1にパンの例をあ

げた。保育者はカラスの被りものを被る（写真11-1）。

　参考絵本　　：かこさとし 作・絵『からすのパンやさん』偕成社，1973.
　準備するもの：カラスの被りもの（保育者用）

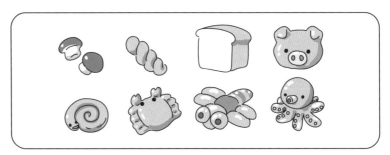

図11-1　模造紙に書くパンの例

写真11-1　カラスの被りもの

（1）どんなパンが大好き？

　歌詞は下記に示した。歌詞1番では，保育者が歌い，大きな声でパンの名前をコールする。歌詞2番で，子どもたちは歌いながらコールされたパンの形を表現する。友だちとグループになってもよい。①のところでは，保育者は5種類くらいパンの名前を入れ替えて歌詞1番を繰り返し歌う。そのたびに子どもたちが歌うパンの数が増えていく（②のところ）。歌詞3番の前（③のところ）では，保育者は「今までの中でどのパンが好き？次は好きなパンになるよ！」と声掛けをする。

　歌詞3番では，各自が好きなパンの名前をコールして（④のところ），そのパンの形を表現する。保育者は子どもたちの間をまわって「どんな味がするの？」等の声掛けをする（⑤のところ）。⑥のところではどんなパンの名前を言ってもよい。そのパンの形を表現する。友だちのパンをガブリと食べるところは何回もやってみたくなる面白さがある（⑦のところ）。

　参考曲：「ロンドン橋」イギリス民謡

「どんなパンが大好き？」替え歌の歌詞

【歌詞1番】	保育者	：♪どんなパンが大好き　大好き　大好き？ こんなパンになれるかな？「○○パン！」♪…①
【歌詞2番】	みんなで	：♪「○○パン」が大好き　大好き　大好き 「○○パン」が大好き ひとつ食べた♪…② …③
【歌詞3番】	保育者	：♪どんなパンが大好き　大好き　大好き？ どんなパンが大好き？
	子ども各自で	：♪○○パン♪…④ …⑤
【歌詞4番】	みんなで	：♪「○○パン」が大好き大好き大好き…⑥ 友だちのパンも　大好き　ガブリ！♪…⑦

（2）どーんなパンが好きですか？

　子どもたちは2列になって向き合い3mほど離れる。保育者はカラスの被りものを被る。保育者がタンバリン等の打楽器をリズムよくたたいて歌をリードする。遊び方と歌詞は下記に示した。③では互いの顔をじっと見ながら前に進むとドキドキ感が増す。（1）と同様に，いくつかのパンのイラストを模造紙に書いてホワイトボードに張る。

　参考曲：「あなたのおなまえは」（インドネシア民謡・作詞阿部直美）

＊動画には「ヘビパン」と「サンドイッチ」の例が収録されている。

①♪どんなパンが好きですか

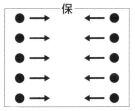

前に進んで向かい合った友だちと顔を見せ合う〔8×1〕

②♪どんなパンが好きですか

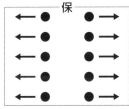

後ろ歩きで戻る〔8×1〕

③♪どんなパンが好きですか

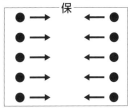

少し前かがみでゆっくり歌いながら前に進む
その時相手の顔を見ながら進む
〔8×1〕

④「ねじりパン！」

コールされたパンの形を工夫して表現する

⑤♪あらねじねじパンですね

子どもたちは互いのパンをほめ合う
〔8×1〕

2 いーれーてーの遊び

　絵本『わたしのかさはそらのいろ』から身体表現につないだ遊びである。いろいろな動物が次々に「いれてー」と傘の中に入ってくる繰り返しの面白さと，どんどん傘が大きくなっていく面白さを取り入れて，日常の劇遊びとして即興で表現する楽しさを味わうことをねらいとしている。

　参考絵本　　　：あまんきみこ 作・垂石眞子 絵『わたしのかさはそらのいろ』
　　　　　　　　　福音館書店，2015.

　準備するもの：動物のお面ひとつずつ（ゾウ，クマ，ウサギ，キツネ，トリ，
　　　　　　　　　シカ），水色の模様や紙テープをつけた傘4本，虹色の大き
　　　　　　　　　い布または3色以上のパラバルーン

　初めに，上記の絵本の読み聞かせをする。動物のお面を円上に離して置く。即興で遊ぶため，「好きな動物のお面のところに行ってうしろ向きになって小さく座ってね」と声を掛ける。絵本から想像して，何が始まるかわくわくするような雰囲気をつくる。

保育者	①音楽（あめふりくまのこ）に合わせてリズム室の真ん中を円を描くように歌いながらゆっくり歩く	②「ゾウさんみっけ！」と呼び，ゾウを傘の中に受け入れて，一緒に歌いながら歩く

子ども	好きな動物が同じ子ども同士が集まって，うしろ向きになって座って小さくなっている	ゾウグループが傘の中に「いれてー」と言って入ってくる 保育者と一緒に歌いながら歩く

| 保育者 | ③「クマさんみっけ！」と呼びクマさんも傘の中に受け入れて，一緒に歌いながら歩く | ④ゾウさん，クマさんと同様に，ウサギさん，キツネさん，トリさん，シカさんも呼んで，次々に傘の数を増やしながらみんなで歌いながら歩く。保育者が1人増える |

| 子ども | クマグループも傘の中に「いれてー」と言って入ってくる。保育者と一緒に歌いながら歩く | ウサギさん，キツネさん，トリさん，シカさんは呼ばれたら次々に「いれてー」と言って傘に入ってくる |

| 保育者 | ⑤「あれ？　雨がやんだみたい」と言って傘をたたんで空を仰ぐ |

| 子ども | 保育者の見ている空を見あげる |

⑥＊虹色の布の場合

保育者
・保育者2人で両端を持って，子どもたちの頭の上に掲げる
・「にじ」を，歌いながら曲に合わせて布を揺らす
・子どもたちが満足したかどうか様子を見ながら曲をリピートしていく

⑦＊パラバルーンの場合
・パラバルーンを出して，子どもたちに持つように声掛けをする
・子どもたちが満足したかどうか様子を見ながら曲をリピートしていく

虹の布に気付いて，跳び上がって触ろうとする

子ども
・揺れている布に合わせて，身体をゆらゆらと振ったり，跳び上がったりする
・「ラララ……」の歌詞のところで大きな声で歌を歌う

パラバルーンに気付いて，端を持って揺らす

　この遊びは，練習のいらない即興の遊びである。しかし，好きな動物を選択するので，「いれてー」と言って出てくる時に，子どもたちは自然にその動物になりきって出てくる。また，傘に入って歩く時，雨にかからないようにくっついて歩く子どももいる。絵本では傘が大きくなるが，この遊びでは水色の傘が次々に4本も出てくるので喜ぶ。そして，雨が上がった後に虹色の布やパラバルーンが出てくると，さらに興奮して，喜びが身体全体からほとばしるような動き方で歌いながら布に跳びつき，バルーンを揺らす。

3 # まほうのドア遊び
ートントントンとノックしてみたらー

　子どもたちや私たちの家や園にはいろいろな部屋があり，ドアを開けて部屋に入るということを普段は何気なくしている。ここでは，このドアを開けて部屋に入ることからオリジナルなお話を膨らませた身体表現遊びを紹介する。

　このドアを開けるとその向こうにはどんなお部屋があるのか，どんな世界が広がっているのか，わくわくしながら空想の部屋でいろいろな体験ができるストーリーのある身体表現を楽しむことをねらいとする。

　準備するもの：ピンクのドア・猫のしっぽ（縄や太い紐等を三つ編みにする）
　　　うさぎのしっぽ（白いお花紙で花をつくり紐をつける）

（1） 猫の部屋

①〜⑳ 保＝保育者

①保：さあピンクのドアをたたいて
みましょう「トントントン」

②保（猫の声で）：どうぞお入りくださいニャー

ドア近くに立ってトントントンとたたく
音：ノックの音

ドアを開けて入る
準備するもの：猫のしっぽがドアの向こうにおいてある

③保：猫のお部屋だニャー
しっぽで遊びますニャー

④保：猫は自由に遊ぶのが
好きなんだニャー

⑤保：くるくるしっぽ
ニャーニャーニャー

しっぽをつけて跳び上がって喜ぶ

自由に猫のしぐさの表現をする

しっぽをくるくるさせて遊ぶ

⑥保：猫は猫じゃらしで遊ぶのが
大好きなんだ

⑦保：しっぽがピーンで怒ってる。
ニャー

⑧保：あー塀の上を歩いていくよ。
どこへ行くのかなー

猫じゃらしにじゃれつく
（しっぽを猫じゃらしに見立てる）

怒っているようにしっぽを
ピーンと立てる

ライン上を歩くようにして，音楽
に合わせて振り向く。ドアの方に
向かって部屋を出る
演奏曲：「ピンクパンサーのテーマ」

（2）ファンタジーの部屋

⑨保：もう一度ピンクの魔法のドアをたた
　　　いてみましょう

ドア近くに立ってトントントンとたたく
音：ノックの音

⑩保：どうぞー

ドアを開けて入る
音：ファンタジーな効果音

⑪保：わー遊園地だ！
　　　メリーゴーランドだ

輪になりメリーゴーランドに乗っ
ている動きをする
演奏曲：バイエル97番のアレンジ

⑫保：あっ！いつの間にか馬が
　　　お空に駆けあがっていくよ

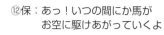

ギャロップで駆け回る

音楽：ギャロップのリズム

⑬保：お月様まで駆けあがってき
　　　ました

ウサギのしっぽをつけてお餅つき
の準備をする
準備するもの：ウサギのしっぽ

⑭保：ぺったんぺったんぺったんこ

餅をつく（大きな動作で）

⑮保：おっこねて　おっこねて

身体をまわしながらこねる様子を
表す

⑯保：の〜ばして　びよーーん
　　　くっついて

前進したり後退したりして伸びる
様子を表現する

⑰保：大きなお餅のできあがり

両手で大きな輪をつくる

⑱保：ころころころころ　小さいお餅

小さくなって転がる

⑲保：びよーんと伸びて
　　　いろんな形のお餅のできあがり

自由に伸びて好きなお餅の形でポーズ

⑳保：さあみんなで　うさぎのダンスを踊ろう

全員で後ろを向いてしっぽを見せて並ぶ

（3）うさぎのダンス

　お月様の上でぴょんぴょんはねるウサギをイメージしながら，伝承されている楽曲「うさぎのダンス」のリズムを身体で感じながら，友だちとシンクロして踊る楽しさを味わうことをねらいとする。

　使用曲：「うさぎのダンス」作詞：野口雨情，作曲：中山晋平

㉑前奏

手は腰，後ろ向きで腰を左右に振る。足踏みしながら右回りで1周〔8×2〕

㉒♪そそら　そらそら

両手を上，右足ヒールポイントして戻す。左足も同じ〔4×1〕

㉓♪うさぎのダンス

顔の前で両手をグー，腰を左右に振る〔4×1〕

㉔♪タラッタ　ラッタラッタ

両手をあげ右足で跳び，同時に左足を後ろへはねる〔4×1〕

㉕♪ラッタ　ラッタ　ラッタラ

前で左膝を曲げ右手で膝をタッチ，同時に右足で跳ぶ〔4×1〕

㉖♪あしでけりけり

右へランニング。顔の横で拍手1回右足で跳び左足を後ろにはねる〔4×1〕

㉗♪ぴょっこぴょっこ　おどる

左へランニング。顔の横で拍手1回左足で跳び右足を後ろにはねる〔4×1〕

㉘♪みみに　はちまき

左手，右手順番に頭につける〔4×1〕

㉙♪ラッタ　ラッタ　ラッタラ

両足で左右に2拍ずつ跳ぶ〔4×1〕

㉚♪間奏

足踏みしながら2人組になる〔8×2〕

㉛♪そそら　そらそら

㉒と同じ：両手を上，右足ヒールポイントして戻す。左足も同じ〔4×1〕

㉜かわいいダンス

顔の前で両手をキラキラさせながら腰を左右に振る〔4×1〕

㉝♪タラッタ　ラッタラッタ

㉔の動きをしながら1周する〔4×1〕

㉞♪ラッタ　ラッタ　ラッタラ

㉕と同じ：前で左膝を曲げ右手で膝をタッチ。同時に右足で跳ぶ〔4×1〕

㉟♪とんではねはね　ぴょっこ　ぴょっこ　おどる

㉖㉗と同じ：右左へランニング。顔の横で拍手1回右（左）足で跳び左（右）足を後ろにはねる〔8×1〕

㊱♪あしに　あかぐつ

左足ヒールポイント，左手でつま先をさわる。右手を斜め上に伸ばす〔4×1〕

㊲♪ラッタ　ラッタ　ラッタラ

両足で左右に2拍ずつ跳ぶ〔4×1〕

㊳♪後奏

正面に集まり，ウサギのポーズ〔8×2〕

●演習課題

課題1：好きな絵本の中で印象に残った場面を取りあげ，声や動きを想像して演じてみよう。

課題2：「パンやさん遊び」の「どーんなパンが好き？」の歌の中で，「パン」の部分をいろいろなものに変えて歌ったり表現したりしてみよう。

課題3：魔法のドアの向こうに，広がっていたらいいなと思う世界を想像してみよう。

コラム　　絵本を好む子どもと身体表現

1　子どもは哲学者である

　マシューズ（Matthews, G.）は，著書『子どもは小さな哲学者』[*1]『哲学と子ども－子どもとの対話から』[*2]の中で，「子どもは自然に哲学をしている」と記している。哲学はもともと音楽やゲーム遊びと同じように全く自然な活動であり，その行為を素直に行っている存在が子どもであり，子どもは哲学をするのみならず，哲学者としても優れた才能をもっているというのである。

2　絵本の哲学性[*3]

　知ることの楽しさ：質問期と呼ばれる幼児期は，「なぜ」に応えてもらうことが快い。絵本は図で感性に訴えるものが多く，かつテキストの量も少なく，知りたいことに簡単明瞭に応えてくれるので，子どもに大きな説明力をもつ。したがって，絵本は子どもの心をひきつけ，知りたいという哲学的な行動を後押ししてくれる。

　ドラマ性があることで哲学性が高い：絵本は豊かな体験を，絵と話で心情的になぞることができ，別の人生を生きることに一役買っている。哲学者の中村は「『哲学はドラマ』であり，『好奇心とドラマの関係』をもつ絵本は，魅力ある主人公，わかりやすい文章と展開，一目で理解できる絵で伝えられることで，ドラマとして訴える力をもっている」[*4]という。

　絵本のもつリズム性が哲学につながる：「哲学はリズムである」[*4]とする哲学者中村の考え方はまさしく，子どもの「今」を表すものである。絵本はリズムにあふれており，子どもの特性である「リズムする」時期に符合してその哲学性を高めている。次々と提供される話ではあるが，嫌になるといつでも脱却できる。それは子どもの負担を軽くする。

3　絵本と身体表現

　子どもは好奇心の塊である。「リズムする」身体で動く子どもの好奇心は，絵本のリズム性に乗ってドラマの世界にのめり込む。さらに，知識を得，感情を体験し，絵本で躍動した心を発散させるかのように身体で表現をする。身体表現は心の翻訳器であることを考えると，子どもの心の躍動を触発する絵本に身体表現の源を求めることは，理にかなっている。

＊1　マシューズ，G.，鈴木 晶 訳『子どもは小さな哲学者』新思策社，1996.
＊2　マシューズ，G.，倉光 修・梨木香歩訳『哲学と子ども－子どもとの対話から』新曜社，1997.
＊3　古市久子「好奇心を刺激する絵本の哲学性」東邦学誌，40巻2号，2011，pp.61-80.
＊4　中村雄二郎『哲学の五十年』青土社，1999，pp.17-19.

第12章 子どもと共に 保育者も今を生きる

本章は，これから保育者（幼稚園教諭・保育士・保育教諭をいう）を目指す方々，及びさらに成長していこうと思われている方々へ，私たちが伝えたい身体表現を軸としたメッセージのまとめである。今を生きる子どもたちと共に，保育者として生き生きと過ごすために，どのような心構えで身体表現遊びを実践していけばよいかを考える。

今を一生懸命生きている

本書の第1章〜第4章では，身体表現の魅力を真ん中において，他の領域への遊びの広がりも意識しながら，子どもの発達との深い関連の中で，家庭や保育者の役割を明らかにしてきた。また第5章〜第11章では，それらのことを念頭に，身体表現のあらゆる要素をとらえて，子どもが主体的に心も身体も没頭して遊びこむことのできる身体表現遊びを解説・紹介してきた。

身体表現遊びを苦手と思ってきた方々も，心を強く動かされた時に身体から発信される子どもの素直な表現を受け止められるように心掛けてほしい。

子どもと同じリズムを感じ，自由な時間と空間の中で，互いにまなざしを交わし合った保育者は必ず学びを得て成長する瞬間がある。

1　いつでも・どこでも楽しめる身体表現遊びを子どもと一緒に

　次の事例は，7年目の保育者が，自園の預かり保育の時間に異年齢で保育をした際のエピソードである。

事例12-1　異年齢の子どもとの身体表現遊び～○△□遊び～

　私の勤めている園は，幼保連携型認定こども園である。教育時間後の預かり保育を「異年齢のクラス」で行っており，その預かり保育の時間のエピソードである。

　私は，預かり保育の時間にいつでも・どこでもできる簡単な遊びで，手や身体を使って○・△・□をつくる『○△□遊び』という遊びを実践している。立って全身を使って行うこともできるが，保護者がお迎えに来る前で子どもはリュック等の荷物を持っていたため今回は座って行った。

　「♪落ちた　落ちた　何が落ちた」のリズムで「♪まるだまるだ　どんなまるだ……ひとりでまる！」と言うと，子どもたちは手や足でいろいろな○をつくった。

　3歳児は，とにかく「できたものを先生に見てほしい！」という気持ちが強く，初めはどうすればいいかわからなかった子も，近くのお兄ちゃんお姉ちゃんがしていることをまねて「できた！」と喜んでいた。よく見ると，違うかな？と思っても，自分なりに表現していて，それを一生懸命，保育者に伝えようとしている姿を認めることが大切だと感じた。

　4歳児は，友だちと同じ形にするのが楽しいようで，同じ形ができると近くにいる友だちと同じポーズをして，にっこり笑い合う姿があった。自信たっぷりにできた渾身の○を，友だちに自慢している子どももいた。

　5歳児は，○という形がしっかり頭にイメージできているので，「メガネの形！」と言って両手で○をつくり顔の前へ持っていったり，この時期がちょうど中秋の名月の時期だったので，「先生，見て！大きなお月さま！」と頭の上で腕をいっぱい伸ばして大きな満月をつくったりしていた。ただ○をつくるだけではなく，何をイメージして○をつくったのかまでしっかりと教えてくれるのが，5歳児ならではだと感じた。

　異年齢での身体表現遊びは，難しそうといった印象があるかもしれないが，それぞれの子どもたちが表現しようとしているものを認めることや，子どもが表現しているものを保育者が仲介役となり「AくんとBくんは，2人でこんな形を作ったんだって！」と周りの友だちに発信することで，子どもの表現力や異年齢の友だちとの関わりが深まると感じた。

　事例12-1では，降園の前に歌を歌ったりして保育の終わりの時間を過ごす際に，保育者が「まるだ，まるだ」と歌い始めた遊びの例である。「落ちた，落ちた」の遊び[*1]は知っていたかもしれないが，替え歌で子どもたちも新しい

遊びと感じたのではないだろうか。○や△を身体でどう表現するかと尋ねられて，様々な形を表現している異年齢の友だちの様子を見る機会にもなっていただろう。日常生活の少しの時間にも身体で表現する遊びを保育者が提案することは，子どもたちの表現の経験を広げるきっかけになる。

2　子どもも保育者も今を生きる

　身体表現は子どもの「今」を表している（第1章参照）。そして保育者は子どもにとって大事な「人」としての存在である。そのため，保育者も「今」を生きる存在として子どもとともに思いを素直に表現していこう。

　子どもの「遊び」は「生きる」ことと同じであるがゆえに，楽しいだけでなく悲しい思いも，苦しい思いもする（第2章参照）。鷲田は，「人はみんな泣きながら生まれてくる。笑いながら出てくる赤ん坊なんていねえ。笑うことを覚えていつか人にやさしくできるようになるさ」[1]という言葉を紹介している。保育者もはじめから保育者なのではなく，今を一生懸命生きて，悲しい思いも苦しい思いも経て少しずつ成長する。その意味で子どもと保育者は対等である。

　保育者として成長するには，保育の仕事を継続していく内的なエネルギーが必要である。その内発的な動機を基本的にいつも心の中にもち続けよう。保育者は子どもに太陽の光のような愛情を降りそそいでいる。その太陽の光の中でも「今日は子どもたちが"赤い光"を見つけて楽しんでほしい」というねらいが保育者にあるとする。しかし，子どもたちは太陽の赤，緑，青という三原色の混ざり合いの多くの組み合わせの中から「自分の色」を発見して，興奮して保育者に伝えたり，さらに探究したりする。保育者はねらいとは異なっても，その子どもたちの思いをいとおしく尊いことに感じて，自身も毎日わくわくしてほしい。

　身体表現遊びに正解はなく，その価値は人との関係の中で変化する魅力的な遊びである（第1章参照）。保育者がわくわくしながら，身体表現遊びを日常の保育の遊びの中で子どもたちとともに楽しみ，ともに成長していくために，本書が少しでも役に立つことを願っている。

● 演習課題

課題1：就学前施設（幼稚園・保育所・認定こども園をいう）の実習やボランティア等で，うまくいかなかったことを話し合い，その原因やそこから得たことは何か考えよう。

課題2：これまでに出会った多くの保育者や教師の行動や言葉などを振り返り，目指す保育者像を話し合おう。

＊1　「落ちた落ちた」の遊び

① 歌に合わせ，手拍子をする。

② 保育者が「おーちたおちた」と歌い，続いて，子どもは「なーにがおちた？」と尋ねるように歌う。

③ 保育者が落ちたものの名称を伝え，子どもはその表現をする。

保育者：おーちたおちた
子ども：なーにがおちた？
保育者：りんご！

　子どもは，胸の前でりんごをキャッチする表現をする。

保育者：おーちたおちた
子ども：なーにがおちた？
保育者：あめ！

　子どもは，あめにかからないようにかさをさす表現をする。

保育者：おーちたおちた
子ども：なーにがおちた？
保育者：かみなり！

　子どもは，かみなりにおへそをとられないように両手でおへそをかくす表現をする。

1）鷲田清一『折々のことば』朝日新聞朝刊，2023.10.3.

コラム　身体表現の指導について 7 年目保育者の語り

　足立・柴崎は，満 6 年から満15年頃の保育者を中堅後期と分類しており，保育者としての専門性を高く意識する時期だが，日常的な保育で生じるトラブルの中で複雑な問題に対しては対応できないこともあると述べている*。保育経験 7 年目の保育者に身体表現の指導についてインタビューをした。

Q1　日常の遊びの中で，身体表現活動はどのように実践されていますか？

　クラス担任をしていた頃は，曲をかけてダンスをしたり，わらべうたで触れ合い遊びをしたり，楽器を用いて曲に合わせて身体を動かしたりしていた。自分なりの表現をする機会を増やす中で初めは恥ずかしそうにしている子どもに自信がつき，恥ずかしがらず表現できていると感じる。

Q2　表現遊びで工夫していることはありますか？

　子どもたちからの「こんなことをやってみたい！」という思いを大切にしている。そこから，どうすればやってみたいことが表現できるか子どもたちと考えるようにしている。

　5 歳児の担任をしている時に，運動会でパラバルーンをするという話になった。そこで，前年度の運動会のビデオを見ていた時，ある子どもがボール飛ばしの技を見て「花火みたい！」と言った。ここから，「パラバルーンで花火をしたいね」ということになった。そこで，どうすれば花火を表現できるのか子どもたちと話し合った。去年は大きなキラキラのボールが 3 つ飛ばされただけだったが，「花火ってキラキラがもっとたくさんあるよね」という意見が出てきた。コロナが落ち着き花火大会も再開されてきており，今年初めて花火を見た子どもが何人かいたことで，イメージが膨らんだようである。たくさんの数のキラキラボールをつくり，それを演技の途中でパラバルーンに投げ入れて花火を表現するということになった。

Q3　学生の時に比べて表現の保育をする上で成長したと思うところは？

　学生の頃に比べて，恥ずかしさはなくなったように思う。子どもの前で，思いっきりできるようになってきた。働くようになってから，どうしたら子どもがさらに身体表現活動を楽しめるのか，保育者としての声掛け等の仕方がわかってきた。保育者自身が身体表現を楽しむことで，子どもも楽しさを十分味わうことができることを実感し，幼児期に身体表現をのびのびと自由にする楽しさを経験することが，大人になってから自分の思いを表現できるようになる基礎になるのだと感じている。

　　＊　足立美里・柴崎正行「保育者アイデンティティの形成過程における『揺らぎ』と再構築の構造についての
　　　検討－担当保育者に焦点をあてて－」保育学研究，48巻 2 号，2010，pp.107-118.

索　引

● 編著者　　　　　　　　　　　　　　　　　　　　　　〔執筆担当〕

おかざわてつこ
岡澤哲子　　元 帝塚山大学教育学部 教授　　　　第1章1，第2章，第3章1，第5章4，第6章4，第8章1，第9章4，第11章1・2，第12章2，章のねらい（第1～3章・第10章・第12章），コラム（第5章・第9章）

えんどう　あき
遠藤　晶　　武庫川女子大学教育学部 教授　　　　第1章2，第3章2，第4章，第7章2・5，章のねらい（第4章），コラム（第12章）

● 著者（五十音順）

こにしちさこ
小西智咲子　武庫川女子大学教育学部 講師（非常勤）　第6章1，第7章3，第10章1，第11章3，章のねらい（第7章）

じきはらのぶこ
直原信子　　元 大阪教育大学教育学部 講師（非常勤）　第5章1・2，第10章2，第11章3，章のねらい（第11章），コラム（第5章・第8章②）

つじいあきほ
辻井あき穂　西須磨幼稚園 保育教諭　　　　　　　　第7章1，第8章4，第12章1

はんえんれい
範　衍麗　　大阪成蹊短期大学幼児教育学科 准教授　第8章3，コラム（第9章）

ふちだようこ
渕田陽子　　帝塚山大学教育学部 講師（非常勤）　　第7章4，第9章1・2，章のねらい（第5章）

ふるいちひさこ
古市久子　　元 大阪教育大学教育学部 教授　　　　第8章2，コラム（第1・2・3・4・6・7・11章）

まつやまゆみこ
松山由美子　大阪総合保育大学児童保育学部 教授　　第10章5，コラム（第10章）

もりすえさおり
森末沙織　　京都文教短期大学幼児教育学科 講師（非常勤）　第5章3，第6章2，第9章3，第10章3，章のねらい（第6・9章）

やなぎだきみこ
柳田紀美子　オリッシィ・インド舞踊教室主幸　　第6章3，第8章1，第10章4，章のねらい（第8章）・コラム（第8章①）
　　　　　　大阪教育大学教育学部 講師（非常勤）

● 協力園

　学校法人共立学園 認定こども園 新光明池幼稚園

　学校法人西須磨幼稚園 幼保連携型認定こども園 西須磨幼稚園

　公私連携幼保連携型認定こども園 富雄藍咲学園

　富田林市立 錦郡幼稚園

　武庫川女子大学附属幼稚園

　芦屋市立 小槌幼稚園

コンパス　身体表現　−動画で学ぶ表現遊びの魅力−

2024年（令和6年）7月30日　初版発行

日本音楽著作権協会
（出）許　　　諾
第2404602-401号

編著者　　岡　澤　哲　子
　　　　　遠　藤　　　晶

発行者　　筑　紫　和　男

発行所　　株式
　　　　　会社　建　帛　社
　　　　　KENPAKUSHA

〒112-0011　東京都文京区千石4丁目2番15号
TEL（03）3944-2611
FAX（03）3946-4377
https://www.kenpakusha.co.jp/

ISBN 978-4-7679-5149-2　C3037
©岡澤哲子・遠藤晶ほか，2024.
（定価はカバーに表示してあります）

新協／プロケード
Printed in Japan